문학과지성 시인선 435

하얀 별

김영산 시집

문학과지성사

문학과지성 시인선 435
하얀 별

펴 낸 날 2013년 9월 27일

지 은 이 김영산
펴 낸 이 주일우
펴 낸 곳 ㈜문학과지성사

등록번호 제1993-000098호
주   소 121-840 서울 마포구 서교동 395-2
전   화 02)338-7224
팩   스 02)323-4180(편집)   02)338-7221(영업)
전자우편 moonji@moonji.com
홈페이지 www.moonji.com

ⓒ 김영산, 2013. Printed in Seoul, Korea

ISBN 978-89-320-2451-6

* 이 책의 판권은 지은이와 ㈜문학과지성사에 있습니다.
  양측의 서면 동의 없는 무단 전재 및 복제를 금합니다.

문학과지성 시인선 435

하얀 별

김영산

2013

시인의 말

장시(長詩)가 아니라 시설(詩說)을 쓰고 싶었다.
시와 소설 혹은 시와 산문의 경계를 넘어 시가 가지는
가락과 모든 산문의 이야기를 녹여내는,
사설시가 아니라 현대판 가사가 아니라
시의 장편소설 시의 대하소설을 쓰고 싶었다.
낱낱이 독립된 시이며 모두 하나로 이어지는
시의 이야기, 처음부터 의도하지 않았는데
시가 나를 어디로 자꾸 데려간다.

2013년 가을
김영산

하얀 별

차례

시인의 말

詩魔-십우도(하나)　7
詩魔-십우도(둘)　14
詩魔-십우도(셋)　20
詩魔-십우도(넷)　25
詩魔-십우도(다섯)　31
詩魔-십우도(여섯)　37
詩魔-십우도(일곱)　44
詩魔-십우도(여덟)　50
詩魔-십우도(아홉)　56
詩魔-십우도(열)　62
詩魔-제7계　67

해설|죽음의 은유와 은유의 죽음,
그리고 무덤의 광시곡·정과리 111

하얀 별의 고백은 백지의 고백이다.

모든 고백은 제가 제게 하는 것이다.

詩魔
──십우도(하나)

 지구의 장례가 치러지고 있다. 상여꾼은 운구 준비를 마쳤는가. 모든 별은 봉분 봉분의 별 그 환한 무덤 닳고 닳아 태기가 비쳤다. 아이는 자라기도 전에 방랑하는 목동이 되었다. 우주 십우도가 그려지고 있었다. 지구의 마지막 장례식 날 십우도를 볼지 모른다──어릴 적 상갓집 밝은 천막 안에 차려진 그 **시신 음식 냄새** 지금도 맡고 있는 것처럼 모든 풍경은 유전되는지 모른다.

 우리가 제물인 것을 모른다고 그 시인은 말했다. 지구의 제물이라 했다. 소년은 시신의 음식 냄새 배인 몸을 입고 자랐다. 여태 뱉어내지 못한 송장 냄새가 어른이 되어갈수록 진동했다. 어서 나의 관을 다오, **나의 관을 다오** 외치지만 글쎄 지구는 너무 많은 장례 때문에 바쁘다.

 그를 태어나게 한 상갓집 고향은 뱉을 수도 삼킬 수도 없는 음식이라 했다. 왜 고향이 상여로만 떠오르는가. 소년은 한 번도 상여를 따르지 않았다. 상여 길은 동네 방천길 지나 산길로 접어들었다. 상여가 지난 자리 종이꽃 피고 "며칠 후, 며칠 후!" 만나자던 장소 공동묘지.

그 공동묘지만 남긴 채 고향이 사라져버렸다. 고향을 다녀온 후 그는 오래 앓았다. 음식을 떠 밀어도 달다 쓰다 안 했다. 여태 음식에서 송장 냄새가 나느냐 묻고 싶었지만 농담을 못했다. 그가 자리보전하다 일어나 처음 뱉은 말은 그의 생가가 상갓집이라는 것이었다.

내 시가 태어난 생가는 없다고 그 시인은 말했다. 모든 폐가마저 사라져버렸다고 했다. 원래 폐가는 없는데 사람들이 집을 버렸다 했다. 상여는 죽은 자를 태우고 가는 차가 아니라 집이라 했다. 죽은 자들이 잠시 머무는 집, 우리 사는 집도 상여라 했다. 산 자들은 **상엿집**에 머문다, 죽음의 여행을 떠나기 전에 잠시!

 모든 여행은 죽음이다. 산 자들은 여행을 떠난다. 산 넘고 물 건너 죽은 자를 만나러 간다. 우리가 죽은 자인지 모르고 죽은 자를 만나러 간다. 제 집에 돌아와 꽃상여를 보고 반가워한다. 상엿집 환한 거실 환한 관이다! 어두운 방에서 누군가 흐느낀다. 그 음악은 자신이 평생 듣던 제 장송곡 이 방 저 방 건넌방으로 여행 다닌 것이다. 여행은 **자폐**의 집을 떠돈다, 늙어 죽어갈수록 자폐아가 되는 것이다.

 고향의 장례는 자신을 업고 키운 자신을 장례 치르는 것이라고 그가 말했다. 어린 아이가 애기 포에 늙은 아이를 업고 질끈 묶는다. 늙은 아이는 어린 아이인데 늙은 아이는 모른다. 어린 아이는 늙은 아이를 업고 선 채로 염해버린다. 늙은 아이는 어린 아이가 되어 죽는다. 모든 애기보개는 염장이 아이였는지 모른다.

고향의 장례는 소년이 고향을 떠난 날로부터 시작된다. 고향의 부음은 너무 일찍 바람에 실려 왔지만 소년은 청년이 되어서도 돌아가지 않았다. 그 청년 음악가는 고향의 부음을 곡으로 남기려 했다. 그러다 너무 일찍 늙어버린 청년은 제 자신의 진혼곡을 작곡하며 죽었다. 청년의 시체를 죽음의 음악처럼 끌고 고향에 내려간 것은 그가 살던 도시의 **부음**이었다.

 고향의 장례는 도시의 장례와 함께 치러진다고 그 시인은 말했다. 도시 빌딩은 비석처럼 자라고 고향 마을은 무덤처럼 고요하다. 도시와 시골의 거리는 무덤에서 무덤의 거리인지 모른다, 길을 가다 죽거든 귀향이라 생각하라! 고향 무덤 어머니가 계신다.

 고향의 장례는 시의 장례라고 그 시인은 말했다. 이미 여러 시인들이 시의 장례를 치렀지만 아직 장례는 끝나지 않았다고 했다. 고향의 장례가 끝나지 않으면 시의 장례는 계속된다. 시인은 임종을 보지 못했다, 시의 임종을 아무도 보지 못했다! 시인들의 방황은 계속될 것이다, 고향이 없으니 고향의 장례식에 참석하지 못할 것이다.

 시인이 고개를 숙이며 시를 쓰는 까닭은 장례를 치르기 때문이라고 했다. 저물고 저물도록 산역하는 일이 시인지 모른다. 모든 상여꾼은 상여를 메고 따르고, 시인은 시의 꽃상여를 메고 따른다. 빈 상여 놀이 함부로 상여를 내리지 마라, 죽은 자와 산 자가 놀기 위해!

 빈 상여 시체가 없다고 생각 마라, 상여는 관을 기다리고 관은 시체를 기다린다. 세상에 빈 관은 없다. 시인은 시를 기다리고 관은 시체를 기다린다. 이미 죽은 자는 관에 담겨 있다. 관에 담겨 있지 않은 것이 어디 있으랴, 산 자는 산 자에 맞는 관을 맞추라. 죽은 자는 죽은 자에 맞는 관을 맞추라. 모든 시는 시의 관을 맞추라! 그 시인은 한껏 고조되어 상여를 높이 든다.

 어허허 어허 허
 어허허 어허 허

 시의 장례는 **울음**이 없다. 고향의 장례는 울음이 없다, 고향은 울음을 퍼 나를 우물이 없다! 우물이 없는 마을은 죽은 것이다, 우물이 짐승처럼 울어도 아무도 못 듣는다. 우물은 울음의 바닥을 보이지 않는다. 우물은 울음을 퍼내지 않아 썩어가며 고였다.

 나는 우물처럼 죽어본 적이 있다— 그 시인은 허허벌판처럼 중얼거렸다.

 나는 고향처럼 죽어본 적이 있다, 그는 우물을 들여다봤다. 아무리 덮어도 메워지지 않는 우물. 아직 마르지 않고 눈감지 않는 자들! 완전한 염습은 없다,

고향의 염장이여. 고향 산천 매혈하듯 봄은 온다! 고향 마을 수의 입고 봄은 온다! 모든 암매장은 고향을 묻는 것인지 모른다.

 그는 고향의 장례를 치르느라 손톱이 다 닳고 잇몸이 물러졌다. 그만 하관할 곳을 찾는다 했다. 아무리 관을 내려도 땅이 받아주지 않는다. 우리는 관을 내린 적이 없다. 죽은 자를 상여에 태웠다 마라, 죽은 자는 죽은 자끼리 산 자는 산 자끼리 **우리는 상여를 타고 여행한다.**

詩魔
―십우도(둘)

하지만 쓸쓸한 비문(碑文)을 누가 읽고 갈 것인가?

죽음의 음악 멀리서 오는 게 아니라
어느 날 문을 열고 들어온다

누가 오느냐, 누가 걸어오느냐. 내게 산 자는 방문하지 않는다. 모든 방문자는 죽은 자인 것이다. 죽은 자의 방문은 예정에 없다. 가장 빠른 늦은 방문이거나 가장 늦은 빠른 방문이다. 낭비한 생이 휴지인가 의심하라, 나는 오히려 구겨진 종이 더미에서 죽은 자의 글자를 해독하려 했다. 그러나 쓸데없는 짓임을 알았다. 내버려두어라, 산 자는 산 자의 글을 쓰게 하고 죽은 자는 죽은 자의 글을 쓰게 하라.

그때부터 내가 아는 죽은 자 몇이 찾아와 시를 썼다, 생전에 쓰려던 시를 아직 못 썼다고. 내가 모르는 죽은 자 몇이 찾아와 시를 썼다, 생전에 쓴 시를 아직 지우지 못했다고. 언젠가 이 시는 써질 것이다, 너무 많은 빗돌을 세웠노라 젊은 날! 젊은 날 죽은 자들은 살아 있다. 그들은 죽어서야 시를 쓰는 것이다. 생은 죽음을 허락하지 않았고 죽음은 생을 허락하지 않았으니, 멀리멀리 갔더니 가장 가까이로 왔다.

시를 쓰는 한 별은 빛나리

하지만 쓸쓸한 육체의
비문(碑文)을 누가 읽고 갈 것인가?

그해 여름 그와 나는 먼 지방 도시에 있었다. 그날 밤 누이네 집 옥상 거센 바람 불었다. 먹구름 속에서 별은 무섭게 빛났다. 그와의 대학 시절은 그것밖에 없다. 죽음의 도시 한여름 밤의 기억 옥상에 텐트는 고정되지 않는다! 그의 깡마른 육체는 육체랄 것도 없었다. 각혈하여 허공에 뱉었다. 폐결핵을 숨겼다, 왜 젊음을 숨겨야 했는지 모르지만 묻지 않았다. 그때 죽음의 도시에서 유령처럼 숨어야 했기에. 죽음의 도시 죽은 자가 신이기에 산 자는 입을 다물라. 다만 홀로 죽음의 도시 노래하던 해쓱한 별.

 그해 여름 그와 나는 먼 지방 도시 벌판을 헤매고 있었다. 죽은 자들의 황량한 벌판 상여도 없이 암매장당한 벌판 펼쳐지는 그때 바윗돌 보였다. 죽은 자가 서서히 일어서고 있었다. 다 일어서지 않은 채 웅크렸다. 돌상여 한 채 운구 준비를 마치고 있었다. 바위의 집에 누가 사나, 둥근 바위 우리는 문을 두드렸다. 거기 누구 없소? 대답 없는 바윗돌 언제 꽃 피나, 그때 그 바위 **바윗돌** 노래로 지어진 줄 몰랐다. 바윗돌 노래 혼자 중얼거리며 그 바위인 줄 몰랐다. "찬비 맞으며 눈물만 흘리고 하얀 눈 맞으며 아픔만 달래는 바윗돌" 바윗돌 벌판에 놓여 있었다. 바위는 언제 꽃 피나, 죽음의 벌판 우리는 손님으로 와서 바위를 굴려 캄캄한 세월 앞에 놓는 거였다.

하지만 이 쓸쓸한 비문(碑文)을 누가 읽고 갈 것인가?

오랜 세월 지난 후 그의 유고 시집 **다시나기** 펼쳐 든다. 우연히 방문객이 그일 뿐 누군들 상관없다. 나는 죽은 자가 좋기에 책을 읽는다. 책은 죽은 자의 비석이다, 검은 글씨 죽은 자의 비문이다. 그의 장례식은 황량한 벌판에서 치러졌다. 여전히 바윗돌 놓여 있었다. 망자들이 돌상여 떠메고 가려 했다. 바윗돌 꿈적하지 않았다. 나는 바윗돌 천천히 불렀다. 죽은 자가 장례를 치러라, 아직 장례 치르지 않았기에 누가 죽음의 벌판 떠메고 가랴. 모두 하나의 바위인 것을 지상에서 천상으로 구르는 지구는 산 자와 죽은 자가 굴리는 바위인 것을. 바윗돌 어디나 널려 있기에, 하물며 돌상여 많았기에! 우리 놀던 바위 모두 돌상여, 돌상여. 지구의 돌상여라!

더 이상 나는 산 자들을 읽지 않는다, 아직 암매장

벌판은 읽혀지지 않았다! 암매장 벌판 헤매는 건 죽은 자들이다. 죽은 자의 어깨가 무겁다. 축 처진 육신의 벌판 산 자에게 나눠주어라. 죽은 자는 죽은 자끼리 산 자는 산 자끼리 죽음의 벌판 건넌다. 오직 산 자와 죽은 자가 굴리는 바윗돌 불러라! 오직 죽은 자를 태우고 갈 돌상여 불러라! 아직 장례는 치러지지 않았다, 나는 장례를 치르지 않았다고 믿는다.

ᄀ의 장례를 기록한 책이 나왔지만 장례를 믿지 않는다. 그의 직장 동료인 소설가 구효서가 **공무도하가**—그는 스물여덟 죽기 전까지 운동권 학생 시절부터 친구들 옥바라지했고, 성악을 전공한 애인이 있다는 따위—를 썼기에 오히려 장례는 끝나지 않는다. 누군가 곡성이 울렸다, 여전히! 장례 행렬 속에 곡을 하는 여인이 보였다. 그녀의 아름다운 목소리 목 놓아 울었다. 폐결핵으로 죽은 애인을 위해 울음을 퍼다 날랐다, 강물을 끌어다 울진 않았지만 **울음**은 음악이었기에 그녀 울음은 마르지 않는다. 여태 누가

울고 울음은 높고 낮은 음이 섞여 바람 속에 퍼져 나가 강에 울음을 보탠다. 강물은 마르지 않고 다시 그녀의 울음에 보탠다. 나는 아직 장례를 치르지 않았다고 믿는다, 영영 공무도하가 장례는 끝나지 않는다.

詩魔
──십우도(셋)

그 **십우도**를 쓴 시인이 왜 자살했는지 모른다. 나는 그의 오래된 시집을 펼치기 두려워 먼 비석처럼 돌아왔다. 그에게 무덤은 없다, 어느 죽음의 벌판을 헤매는지 모르기에 풍문조차 없었다. 지난밤 그가 나타나 자신의 죽음을 보였다. 허허벌판에 검은 타르처럼 엉겨 붙어 있었다. 나는 경악하며 일어났다, 그를 위해 새벽의 진혼곡을 들었다.

멀리서 흐느끼듯 다가와 죽은 그를 데려다 놓는다. 죽음의 음악 다리를 놓고 느릿느릿 흘러갈 때까지 서둘지 마라. 그가 잘 보이지 않더라도 서둘지 마라. 그가 왜 새벽에 왔는지 궁금해 마라. 왜 제 죽음 슬퍼하는지 궁금해 마라. 그를 데리고 온 죽음의 음악 느리게 흘러 경쾌해진다. 나는 기다린다, 죽음의 음악 경쾌해질 때까지!

모든 후회하는 자여
곧 새벽은 울음을 그치리라!

그는 목을 매고 죽었다. 나는 경악하지 않고 시를 쓸 것이다, 이젠 죽음의 어깨를 딛고서 벌판을 보라. 이토록 황량한 벌판이 있단 말인가, 지난밤 그는 내게 나타나 자신의 죽음을 보였다. **그는 후회하는지 벌판에 검은 타르처럼 엉겨 붙어 있다** 아주 서서히 일어났다. 고개를 들지 못했다. 그는 무슨 말인가 하려 했다, 그 황량한 검은 벌판은 모든 말을 삼켜버렸다.

더 이상 선한 시는 없다, 선도 악도 삼켜버렸다. 그 시인을 나는 모른다. 나는 그의 장례식에 가지 않았다. 아무도 그 시인에 대해 입을 열지 않았다. 유골을 찾지 마라, 나는 그와의 기억을 백지처럼 지워버렸다. 그런데 검은 글씨가 써진다, 나는 그와의 모든 페이지를 찢어버렸다. 또 시가 써진다, 그가 죽기 전 몇 년을 모르기에 그의 죽음을 모른다. 새벽에 일어나 양초 한 자루 밝힌다. 그가 남긴 단 하나 비석처럼 시집을 세워놓는다. 오랜 시간 흐른 후 책을 펼쳐 든다.

그의 사진은 낯설고 시들도 낯설다. 그의 서정시가 낯설고 낯설다. 그의 육신은 강인했고 정신은 무서움을 몰랐다. 마음에도 혈자리가 있는가, 마음의 급소가 있는가. 그의 급소는 시였는가, 시에도 혈자리는 있는가 **시혈**? 누구를 위해 시를 썼나, 모두 자화상인 줄 알았더니 모두 낯설다.

그가 가족에게 유서를 남겼는지 모른다. 아니다 그가 유서를 남겼을 리 없다. 유서를 남겼다면 내가 그를 모른 것이다. 그는 가족을 떠나 산속에 살았다, 그는 **달 속의 달**처럼 살았다. 이따금 옛 시절을 신화처럼 들려주었다. 얼마나 겁 없는 소년이었는가, 얼마나 아름다운 투사였는가. 모든 과거는 꿈결 같았다. 사람에 집착 마라—원효를 들먹거릴 때 몰랐다. 문득 "살인만 아님 괜찮아" 그 말 뱉지 않았다면!

나는 그의 극단을 보지 못했다. 그의 회한을 보지 못했다. 그러나 죽음은 모든 걸 보여준다. 아니다 후회의 검은 벌판은 황량하다. 콜타르처럼 엉겨 붙는다, 죽음! 죽음에도 종류가 있다. 나는 죽은 자를 모른다. 더구나 죽은 시인의 시는 모른다. 그때 그는 십우도란 시를 쓰고 있었다, 그는 가족에게 선량한 시인이었다. 자신에게도 선량했다. 극선과 극악은 같은가.

후회! 후회! 후회! 후회의 벌판에서 그가 서서히 일어섰다 **왜 나는 분기를 다스리지 못했는가** 모두 우울의 형제인 것을—그는 여전히 괴로워하며 고개를 들지 않았다.

나는 그의 표정을 읽을 수 없다, 그는 죽은 자인 것이다. 나는 모든 죽음의 책을 덮을 것이다. 우리는 죽어야 깨닫는다. 그만 덮어라, 죽음의 책! 아침을 지나 저녁이 될 때까지 그가 가만 놔두지 않는다. 그와 나를 가장 시달리게 한 게 색이었는지 모른다. 모든 여인 앞에 형제는 없다, 시에도 색은 있는가 **시색**? 어디 있는가, 그는 어리석게 시색에 죽었는가. 구도

자여 시의 구도자여 죽음보다 어려운 시여. 그가 다시 허허벌판 검은 타르처럼 엉겨 붙기 시작했다. 그는 벌판이 되려는가, 천천히 엎드렸다. 나는 왜 그랬느냐고 묻지 않는다, 모든 자살은 대답이 없기에! 뼈 아픈 후회마저 모르는 것을, 그는 오체투지 하는가. 그 자신에게, 가족에게, 시에게 절하는가. 나는 "형, 왜 그랬어?" 묻지 않는다, 이미 우리는 말하지 않아도 알지 않는가.

일찍 죽은 시인들은 말한다―"시인은 나이 먹는 만큼 책임져라!" 그가 죽기 몇 년 전에 내게 들려준 말이다.

詩魔
―십우도(넷)

 아직 장례가 치러지지 않았다. 모든 장례는 한꺼번에 치러질 것이기에 낱낱은 리허설인지 모른다고 그 시인은 말했다. 하물며 지구 장례 우주 장례마저 리허설인지 모른다. 우주 장례는 영원히 계속될지 모른다, 이토록 향긋한 냄새를 맡을 수 있는 장례는 없으리라.

 우주는 지구 향로에 향을 피우리라!

 장례식 필요 없는 장례를 치를 것이라 했다. 지구는 몇 번의 장례를 치렀다. 지구가 치른 장례를 우리는 따라 하지 않는가. 모든 장례는 **지구장**인지 모른다, 더 이상 매장 시편 쓰지 마라. 바람의 장례여 그치거라. 한 방울 물마저 장례 치르느라 쓰여질 것이다.

 우리는 국경에 너무 머물러 있구나, 모든 국경은 장례 치를 것이다. 지구의 국경은 공동묘지 구획이오! 그는 묘비처럼 중얼거렸다. 이미 그 말 다른 묘비에게 들었기에 나는 빗돌을 외면하고 섰다. 그는 악기가 되어 현이라도 한번 켜려 했지만 벌써 썩어버린 관이 아닌가.

우리가 만든 국경은 꽃이 피지 않는다. 산 자는 꽃이 피지 않는다. 우리는 국경에 제각각 시신을 묻었다. 국경은 시신을 수습하지 않는다, 우리 몸이 꽃이란 걸 증명한다. 국경의 묘지 없는 꽃, 사람의 꽃은 죽어서 피나! 국경의 꽃밭 아직 귀국하지 않는 꽃들이 서성거린다.

나는 아직 귀국하지 않았다,

그 시인은 국경처럼 중얼거렸다, 그 학자는 귀국하지 않을 것이라고. 나도 그 학자를 알기에 빗돌을 둘러보기 시작했다. 그는 항시 국경에 머물 것이다. 그 영화 **경계도시 2** 국경에 머물러 있기에 수긍이 갔다, 모든 영화는 비에서 나왔다고! 저만치 멀찍이 떨어져 둘러보는 빗돌의 습관 같은, 모든 비명은 사라져간다.

 모든 국경은 사라져간다. 지구에서 최후의 국경은 이 빗돌이 세워진 곳인지 모른다. 빗돌 속의 국경인지 모른다. 우리는 기쁨도 슬픔도 없는 빗돌이 되어버렸구나, 모든 빗돌 속에서 금이 간 빗돌 속에서 무얼 찾고 있는지 모른다. 왜 똑같은 묘비가 다른가.

 그 학자는 비명을 삼켰다, 책들의 공동묘지여. 한번 떠난 무덤 돌아갈 수 없는 무덤 모든 국경의 무덤이여. 나날이 비명 늘어간다, 제 자신이 죽은 후를 쓴 글은 없으리라. 그는 무덤의 탄식보다 빗돌의 비명을 베꼈다. 다만 옛날의 비명을 베꼈다, 미래의 비명은 없기에.

 그러나 경계인의 주장은 받아들여지질 않았다—그것은 학자에게 어울리지 않는다. 그것은 시인에게 어울린다. 그가 국경에 사는 건 잘못이다. 모든 경계는 얼마나 몽롱한가. 죽은 인파 속에 사라져가는, 이미 죽은 자는 비명 속으로 떠나지 않았는가.

그를 받아줄 나라는 없을 것이라고 그 시인은 말했다. 오히려 경계인이 된 건 그때부터라 했다. **산 자는 경계인이 못 돼** 죽은 자가 경계인이야 그 학자는 죽은 빗돌보다 못하다고 시인은 투덜거렸다. 나는 공동묘지를 벗어나려 했다. 아무리 묘비를 벗어나도 제자리였다. 빗돌 속을 천천히 구름이 흘러갔다, 나는 구름처럼 중얼거렸다.

죽은 자 비 속으로 흘러간다!

나는 아주 천천히 비 속의 도시 성곽을 걷고 있다. 모든 왕조는 흘러가는 성곽이다. 멀리 흰 머리카락 한 올 떨어져 있다, 오랜 세월 걸어온 노인의 굽은 등처럼! 성곽은 죽음 너머를 바라본다, 아직 눈가에 주름 잡혀 있다. 어느 쪽에서 바라봐도 상관없는 성곽처럼 더 늙어야 한다.

  도시에서, 도시로. 성곽에서 성곽으로 흐르는 구름은 모두 젖은 구두를 신었다. 비 속에서 침략할 적도 없는데 도시는 흘러 다닌다, 축축한 육신은 산 자의 몫이다. 도시는 경계를 흘러 다닌다, 도시는 성곽마다 시구문을 달고 있다. 모든 도시는 죽은 자를 내다 버리기 좋군, 그는 성곽처럼 중얼거렸다.

  어느 왕조의 구름도 머물지 못한다. 죽은 자의 성으로 흘러간다. 우리는 성을 쌓지만 성은 무너지려 쌓는다. 견고하니 무너진다. 끊겼다 이어진다. 우리는 한꺼번에 쌓으려 했으나 모두 제각각이다. 모두가 성은 혼자 쌓는다. 이곳의 문이 모두 닫히면 누구일까, 문을 열고 들어오는 저 구름

  구름 속으로 성곽은 흘러간다. 산 자는 죽은 자에게 흘러간다. 죽은 자는 성곽에게 흘러간다. 빗돌의

경계도시 산 자는 산 자끼리 죽은 자는 죽은 자끼리! 도시의 빌딩이 흘러간다. 빌딩 속에서 바람이 분다, 바람이 불지 않으면 죽는다. 바람은 빌딩 속에서 분다.

빌딩같이 오래 살았다, 비문을 읽으며 오래 살았다. 그 시인은 말했다, 이젠 머물지 말고 성곽을 떠나라고. 머물지 말고 도시를 떠나라, 너는 경계인이 되려느냐. 산 자는 경계인이 되지 못한다. 모든 게 희미하게 지워져가는 그는 성곽의 돌처럼 중얼거렸다.

詩魔
—십우도(다섯)

 산제는 사라진 마을 경계에 있었다. 산제에 그 바윗돌 놓여 있기에 나는 오래전 기억을 다시 떠올렸다. 황량한 벌판 구르다 멈춘 바윗돌 내가 돌상여라 부른 바윗돌 무심한 바윗돌 마을 사람들은 **5·18 바위**라 부르고 있었다.

 말로 할 수 없는 것은 시가 되고 바위가 된다. 대답할 수 없는 것은 노래가 되고 바위가 된다. 산 자와 죽은 자 사이에 바위가 놓여 있다. 죽은 자를 암매장한 산 자는 죽은 자를 잊는다. 모든 죽음을 덮는 흙은 없다, 바윗돌 상석처럼 하나 놓고 제를 지낸다. 허허 벌판 암매장당한 영혼들에게! 굴러 굴러 굴러라 굴러라 바윗돌 노래 부르던 젊은 영혼에게! 내 시는 암매장 벌판을 헤맨다. 아무도 이들을 찾아 헤매지 않기에 내 시는 귀향한다. 고향이 사라지더라도 귀향한다. 나는 도시와 고향 돌아갈 수 없어 **귀산(歸山)**을 생각했다.

아직도, 옛 바윗돌 찬비 맞으며 산제에 놓여 있었다. 암매장 시절이었다. 우리 연애는 참으로 짧았고, 이제 비린내 혹 풍기는 살내음 잦아들었지만 아픈 다리 끌어 벼랑까지 가지 않아도 늘 벼랑임을 알게 되었다. 당신을 울리지 못한 메아리가 내 골짜기에 울리다 지치지만

 귀산(歸山), 귀산(歸山), 다시 귀산(歸山). 산그늘 녹지 않은 잔설처럼 아무도 모르는 산중에 묻힌 것이 무슨 일인지 모르겠다. 결국 물로 돌아가겠지만 어둔 기억 씻기엔 모자라 아직 지울 수 없는 눈빛이, 몇 번을 육탈이 되고서도 저리 얼어붙어 있다.

 그 시인과 나는 같은 시를 쓰고 있었다. 시는 완성되지 않을 것이다. 모든 시는 자연의 비문이다. 자연의 비문 모르며 나는 시를 썼다. 산과 도시의 경계에 보이지 않는 비석 하나씩 세워두었다. 더 이상 돌아갈 산이 없다. 산의 장례도 계속 치러지고 있기에 한

곳에 머물지 못한다. 세상의 가장 큰 무덤은 산인지 모른다. 내 태어난 곳이 무덤인지 모른다. 내 어릴 적 무덤에서 놀았다. 무덤에 소풍 가고 무덤에서 놀았다. 이제 나는 놀 줄 모른다. 놀던 무덤 외롭다, 도시는 무덤 놀이를 못한다. 도시는 상여 놀이를 못한다, 도시는 빗돌만 있다. 도시 산은 바위를 이고 간다, 산은 바위에 불과해 **산은 돌상여 떠메고 가는 상여꾼**

도시를 움직이는 건 화력이나 전기력이 아니다. 도시를 빙 둘러싸고 흐르는 산은 모습을 드러내지 않다가 어스름 때에 자태를 보여주는 것이다. 도시에 전기가 들어오는 초저녁 하늘에도 흐린 전구를 갈아 끼우는 초저녁 산을 내려가던 우리는 버려진 산막을 만났다. 누가 산막 비웠나, 오 불 지른 화전처럼! 산막 문지방 너머 방 안에 번진다.

불빛에 산막이 춤춘다. 찢긴 벽지, 버려진 가구, 누군가 걸어 다닌 발자국. 다신 내려가지 마라, 물방울 번진 천장이 얼룩져 있다. 벽을 보고 누웠을 자리 먼지가 쌓였다. 언제 그랬냐는 듯 먼지 털고 내려간 자리 얼룩져 있다.

 우리는 산길을 더듬어 내려가기 시작했다. 그때 그것을 만났다, 먼저 바람 소리 들었다. 바람 속의 노인이 있으면 생선 가시를 발라내듯 바람의 잔가시를 잘 발라낼 것이다. 어둠 속 뼈가 훤히 휘도록 휘이휘이 부는 휘파람새 소리같이 바람이 분다.

 거대한 인면석(人面石)이다. 얼굴 형상 바위 불빛에 괴수의 얼룩이 드러났다. 그러더니 차츰차츰······ 오히려 어둠이 균열을 막는가! 두 눈이 푹 꺼진 콧대는 높고 입은 말한 적 없는, 신령스러운 푸른빛 감도는 사람의 얼굴에 바람이 스친다. 바람 소리는 거기서 들렸다. 모든 입술은 바람 소리를 낸다, 그 파인 입술이 바람 소리를 낸다.

휘이이 휘이이이
휘이이 휘이이이

 바람은 아무 데나 불지 않는다, 누군가 입술 닿는 곳! 바람이 분다. 우리 생의 골짜기 바람은 분다. 옛 화전민촌 돌담에 바람이 분다 ── 오오 너럭바위 놓인 그대로 디딜방아 구멍을 파낸 ── 우리 놀던 바위 바람은 분다. 옛 화전민 마을 사람 얼굴 바위에 바람이 분다.

 바람이 지나는 길목 바위의 그 파인 입술이 소리를 낸다, 모두 바위로 돌아가고! 모두 떠나간 산골 마을 돌상여 떠메고 가는 상여꾼같이 바람이 분다. 바람에 새울음 묻어 있다, 옛 바람은 바람에 묻어 있다. 바위는 언제 꽃 피나, 바람이 흔들어야 꽃 핀다.

 모두 바위로 돌아가버린 산. 옛 화전민 무덤, 산골 무덤같이 **이미 우리는 산으로 돌아왔다**고 바람이 전

한다. 바람은 단단하고 부드러워 어디나 다니며 전한
다. 저 화전밭 돌담 고친 건 산막 비운 사람 휘이이이
바람 소리 그가 산골 사람처럼 중얼거렸다.

詩魔
—십우도(여섯)

개나리꽃이 피었다
개나리꽃이 피었다

　내가 삼십 년째 상복 입은 여자를 만났을 때, 우연히 그녀의 벌거벗은 몸을 본 것처럼 비밀을 알았을 때 신비하지 않으랴. 모든 일은 나중에 아는 것이다, 아니다! 세월이 흘러도 모르는 것이 있다. 나도 그랬고 당신도 그랬으니 놀랄 일이 아니다. 그녀는 개나리꽃을 보지 못했다. 노란색을 외면한 그녀가 노랗고 투명한 상복을 입고 그리 오래 살다니! 노래하는 소녀 청년을 사랑했고 운동권인 그가 죽어갈 때 노란 개나리꽃이 피었다. 얼굴에 황달 든 그가 겨우 더듬거리는 입술로 더듬더듬 말하지만 않았어도 말의 덫에 갇히지 않았을 것이다. **죽 음 영 원 하 지 않 아 사 랑 영 원 해** 그녀는 피부처럼 속옷에 그것을 입고 다녔다. 화사한 아름다운 그녀가 거리로 나서면 바라보지 않을 사람 없으리라. 모든 비밀을 감춘 조각상의 날씬한 그녀가 누군지 궁금해할 것이다.

이젠 상복을 벗으시오!
누가 상복을 벗겨줄까요?

나는 연민보다 지팡이가 필요한 장님처럼 두리번거렸다. 죽음을 바라보지 못한 결과는 무엇인가. 이토록 아름다움을 구속했단 말인가. 밝은 성품은 그녀의 자랑 아닌가. 그녀는 우울을 감추고 웃었기에 나는 오히려 고백하길 기다렸다. 내게 고백하지 않으면 죽음은 걷히질 않기에! 이 미인 죽음과 결혼해버렸다. 그녀는 모를 것이다, 제가 헛되고 헛된 아름다운 묘지기인지를! 그녀는 기다렸던 것이다, 누가 와서 상복을 벗겨주길.

나는 그녀의 노래보다 그녀의 침묵이 궁금했다. 모든 은유적인 노래는 믿을 수 없다. 더 이상 비유는 죽음을 그릴 수 없다. 우리는 방법을 모르기에 노래 부를 뿐이다. 그녀의 노래집은 늦게야 출간되었다. 그녀의 음반은 단 한 사람에게 바쳐지고 있었다. 사랑의 노래는 죽음의 노래였다! 활기찬 육감적 그녀가 그러리라는 걸 몰랐다. 그녀는 죽음의 강을 여러 번 건너고 있었다. 여태 그의 무덤을 지키고 있었다.

개나리꽃이 피었다
개나리꽃이 피었다

그녀가 죽은 영혼에 사로잡힌 사람임을 아무도 몰랐다. 그녀는 아무것도 고백하지 않았다. 우연히 나는 그녀의 상복을 보고 말았다. 나는 그녀에게서 도망칠 수 없는가. 그녀는 내게 보여준 것이다, 아무에게도 보여주지 않은 상복 입은 몸을! 순간 나는 보았다, 저 상복을 얼마나 벗어 던졌던가. 이미 알몸보다 옷을 입은 몸이 제 몸인 것을. 누가 제 나체를 본단 말인가.

당신은 상복이 제격이군?

이미 다른 옷은 어울리지 않아요!

나는 하마터면 이런 말을 할 뻔했다. 그건 자살보다 어렵다, 옷을 바꿔 입는다는 것은! 나는 옛날에 겪지 않았는가, 옷을 바꿔 입지 못한 너를! 당신처럼 상복 입고 사는 사람 있더군, 나는 그녀에게 말했다. 거리에는 상복 입은 사람이 많다고, 제가 상복 입은 사람인 줄 모른다고. 제가 입더라도 그걸 벗긴 힘들다고!

그녀는 몇 벌의 상복을 준비해놓았는가. 오히려 더 많은 여벌이 필요한지 모른다. 그녀는 아름다운 목소리로 노래를 부를 때도 상복을 입는다. 모든 가수는 상복을 입는다. 무대는 관을 놓기 딱 좋은 장소군, 가수는 상복 입고 청춘을 흘려보냈다! 그녀는 **바람이 머무는 곳**이란 노래를 불렀다.

미련 갖지 마오

산 자들에게도
죽은 자들에게도

바람은 비에 머물지 않아
어머니 형제 아무도
집에 없더라도 미련 갖지 마오

산 자들은 산 자들의 바람
죽은 자들은 죽은 자들의 바람
바람이 머무는 곳 있더라도

바람 부는 길목
바람이 살고 죽더라도
바람에 미련 갖지 마오

하지만 바람이 상복을 벗길 수 없다는 걸 안다, 도시의 거리에서! 너무 많은 상복을 팔기에 상점들은 메모한다, 장례 일정을 늘 꼼꼼히. 생의 습관은 죽음의 습관이기에 미리 죽을 자가 거리를 활보해도 이상할 게 없다. 모든 습관은 죽음에서 비롯되었다. 그녀는 연민보다 지팡이가 필요한 장님인지 모른다. 그녀의 습관은 상복을 입는 것, 상복 벗겨주길 바라며 상복을 입는 것인지 모른다.

그래서 나는 그녀에게 말했다, 당신에게 노래를 지어준 게 잘못이라고. 당신에게 편안한 옷을 한 벌 지어주고 싶지만 그런 옷은 세상에 없다고. 죽은 자에게 옷은 없다고. 죽음의 옷을 입는 건 산 자들의 습관이기에 벗길 수 없다고. 나는 또 연민스런 시를 들려주고 말았네, 상복 입은 그녀에게! 제가 입더라도 그걸 벗긴 힘들다고. 누구나 제 자신의 상복을 입고 산다고.

나는 중얼거렸다, 산 자들에게도 죽은 자들에게도 미련 갖지 않으면 좋으련만! 당신은 참 상복도 많군.

개나리꽃이 피었다
개나리꽃이 피었다

詩魔
──십우도(일곱)

   고향의 강 꽃상여 어른거리던 시절 지나갔다. 상복 입은 그녀들 뒤를 따르고, 고향 텃밭 지푸라기에 묶인 배추머리들! 꼭 배추밭에서 장례식 치른 것 같았다. 그 앙증스런 계집애 이제 커서 상복 차려입었다. 소녀여 상복 입은 소녀여 상복 모양 지푸라기에 묶인 배추머리들! 우리 생도 모두 배추밭에 일어난 일인지 모른다.

   우주의 일도 모두 배추밭에서 일어난지 모른다. 언제나 다소곳이 상복 차려입은 배추들── 하얀 살에 푸른 힘줄이 박혔다. 언제까지 장례 치를 거냐고 배추에게 묻지 않았다. 모든 배추밭의 장례는 끝나지 않을 것이다. 우리 배추밭 너무 배추씨를 배게 뿌렸는지 모른다.

   우리는 배추밭을 둘러보며 살았다. 고향 밭 사라지기 전에 배추를 솎아내며 살았다. 배추 잎 속에서 하얀 힘줄이 빠져나오듯 강물이 흘렀다. 배추 잎 강은 사람의 마을 돌고 돌아 흘렀다. 저문 들녘 돌고 돌아 흘렀다. 강물처럼 만장이 흐르는 강 스스로 상엿소리를 불렀다.

 어허허 어허 허
 어허허 어허 허

 우리 배추밭에 흘러간 청춘의 강물 소리여. 멀리 이별하여 드러난 강기슭이여. 강변 텃밭에 배추 마을이 생겨 눈부시네. 사랑은 배추 포기처럼 참, 곱기도 하지. 머리띠 두른 배추들 참, 단정도 하지. 그렇게 배추밭에 살다 가는 거지. 강변 외따로이 빈집 배추 머리들 상엿소리를 불렀다.

 강을 건너지 마오
 강을 건너지 마오

 우리는 강변 텃밭에 돌아왔다. 어디에 배를 매놓을

까, 번뜩이는 **관은 강을 건너는 배** 강물 물끄러미 바라보는 배, 물이 고인 채 떠 있다. 관을 메고 강변에 나가 관을 씻으며 온종일 배를 기다린다. 우리는 언제쯤 배를 저어 갈까, 아무도 없는데 누군가 배를 매 놓았다.

우리는 배를 타고 여행한다. 우리의 항해는 언제나 돌아오는 게 아니다. 내가 떠난 뒤 그녀가 노래하던 강변에 빈집 생겼다. 그녀가 언제까지 그 집에 살았는지, 배추머리처럼 상복 입고 살았는지 모른다. 더 이상 그녀 아름다운 목소리 들리지 않는다. 우리 집 텃밭 배추들이 짓물렀다.

우리는 고향 텃밭에서 멀리 떠나지 못한다. 배추들의 세상에서 한 발짝도 걸어 나가지 못한다. 그녀의 야위어가는 모습 마지막 본 것도 배추밭이었다. 그녀가 눈시울 붉어져 강을 바라보던 곳도 배추밭이었다. 배추밭을 떠났으나 배추밭, 우리 온 생애를 배추밭에서 보낸 것이다.

 우리 배추밭 배추 잎 손을 흔든다. 그러다 떠나는 자에게 배추 잎 떨구어주기도 한다. 우리 이별할수록 노란 속이 차라고 폭배추를 묶는다. 우리 사랑 시들해져도 버리지 말라고 배추 시래기 묶는다. 님아 강을 건너지 마오, 강을 건너지 마오. 먼 사람의 강울음 배추 잎 속에서 들린다.

 강을 건너지 마오
 강을 건너지 마오

 그 시인은 솔직히 **두 여인**이 있었네, 강변 집에 사는 여인과 또 다른 여인이. 모든 사랑은 광기인 것을. 산 자와 죽은 자를 동시에 사랑할 수 있나, 그의 궁금증은 무덤에까지 뻗었구나. 모든 강물은 무덤으로 흘러가나, 무덤의 광기에서 나는 멀리 도망쳐 왔다. 그러나 모든 강은 회귀한다. 나는 흐르는 대로 내버려

둔다. 그는 강물처럼 중얼거린다. 나는 너무 단정해지려 하고 있어. 강바닥 긁는 소리가 나는군.

그 여인들은 천국과 지옥처럼 나를 무덤에 안내했네. 무덤까지 가지고 왔기에 말할 수 없네. 강변의 무덤이라는 것밖에, 아무것도 말할 수 없네. 노래라는 것밖에, 아무것도 말할 수 없네. 시라는 것밖에, 아무것도 말할 수 없네. 내가 강에 뛰어들어도 나를 말릴 아내도 없지만, 여전히 그녀는 울고 있네. 아무것도 말할 수 없네.

그 시인은 그녀가 누군지 말하지 않았다. 강변의 실버들이나 알아들을 것이라 했다. 한생에서 강물은 한 번만 흐르나, 강을 따라 흐르면 너른 강 하구 바다와 만날 것이다. 나를 찾아 헤매는 여인을 봤소? 어부에게 물으면 그물처럼 투덜댈 것이다. 사람의 한생은 다 흐르는 게 아니라오.

어허허 어허 허
어허허 어허 허

詩魔
—십우도(여덟)

 그 상복 입은 여자는 평생 상복만 입다 죽을 것 같다고 내게 고백했다. "당신은 무덤을 껴안고 살고 나는 시를 껴안고 살았군요." 나는 격정의 시 앞에서 참을 수 없을 때면 자해를 한다고 고백했다. 내 시는 자해를 한다! 고백은 끈적끈적한 울음과 닮았다, 자해는 자위와 닮았다. 모든 쾌락은 닮았다! 생의 쾌락은 죽음의 쾌락인지 모른다?

 고백은 어디까지나 고백일 뿐이다. 고백은 고백을 낳지만 자해와 자위만큼 다르다. 모든 쾌락이 닮았다는 것 외엔 아주 다르다, 그녀와 나는 서로 다른 별을 바라보며 산 것이다. 그녀의 별은 이미 사라져서 그 흔적만 흘러 다니고 나는 곧 사라질 별의 흔적을 미리 지우는 것이다.

 나는 내 시를 애무하며 살았다고 그녀에게 고백했다. 모든 육신의 쾌락은 죽음의 쾌락인지 모른다? 그녀의 별을 어루만지는 일은 가능할까, 이미 없어진 별의 빛이 몇억 광년을 흘러와 사랑이 되었다면 사랑은 죽음이라는 공식이 성립된다. 곧 사라질 별의 흔적을 미리 지웠다면 내 시는 자해라는 공식이 성립된다.

별의 각질을 벗기는 시인이 있지만 별의 외투를 벗겨내는 시인도 있다. 붉은 옷 파란 옷을 입고 사는 별도 있지만 하얀 옷을 입고 사는 별은 죽음을 기다리는 것이다. 그 죽음의 검은 옷조차 생이 된 블랙홀이란 별도 있다. 마지막 붕괴되기 직전에야 별은 외투를 다른 별에게 건네준다.

그녀는 하얀 별 아름다운 옷이 발목을 잡는다. 아름다움에 발목 잡혀본 자는 안다. 왜 아름다운 것은 불편한가, 아름다움은 죽음이라는 걸. 별이여 하얀 별이여! 그녀는 하얀 별인 것이다. 죽지도 못하고 우주에 떠 있는 미이라 같은 별. 그녀는 우주에서 **자신을 다 태우고 떠 있는 하얀 별** 그녀의 사랑은 하얀 별.

그녀는 하얀 별 아름다운 것이 발목을 잡는다, 아름다운 구두처럼!—예쁜 발목을 잘라 전시해놓은 거리처럼—아름다움에 발목 잡혀본 사람은 안다, 아름다움은 죽음이라는 걸. 왜 아름다운 것은 편안한가, 길들여지기 위해 무수히 죽음의 군살이 달라붙는가.

시인의 시에는 자해의 흔적이 있다. 모든 상처가 별처럼 빛나진 않지만 시는 별을 그린다. 그녀에게 별이란 시를 써주고 싶었다. 그녀는 하얀 별이기에 별의 고백을 들려주고 싶었다. 모든 고백은 자신에 대한 얘기인 것을, 모든 고백은 제가 제게 들려주는 말인 것을—모든 고백의 별들은 알 것이다, 우리 모두 하얀 별이라는 걸! 그녀의 고백은 하얀 별.

서로의 고백이 우주가 되고 별이 될 줄 몰랐다. 그녀와 나는 우리 근원을 이야기했던 것이다—그녀 하얀 별 사랑은 고통의 환희인 것을! 어찌 말로 할 수 있으랴, 그녀는 자신을 다 태우고 떠 있는 하얀 별.

살아 있어도 죽은 하얀 별. 무엇이 죽으려는 별을 붙드나, 어느 죽음이 죽음을 붙드나. 님아 강을 건너지 마오, 강을 건너지 마오.

그 상복 입은 여자의 **중력**은 죽음인지 모른다. 모든 별의 중력은 죽음인지 모른다. 우주 어머니 중력에서 태어나 중력으로 돌아가는 별, 모든 사랑은 중력이어서 너를 붙드나. 모든 중력에 대한 고백이 별의 골목인지 모른다. 우리는 골목에서 고백을 한다, 별 궁금증에서 고백이 비롯됐는지 모른다. 옷에 배인 상처가 별빛 같다, 옷의 실밥을 뜯듯 빛의 천 조각 뜯어내어 하얀 육신이 너를 붙드나.

그래서 빛나는 것은 사라지며 속삭이는가, 이 모든 일이 중력의 마음이라면 별은 점점 멀어지며 환하다. 별들의 고백은 환하다, 우주가 넓어진 이유는 골목골목에서 별들이 나직이 속삭이고 있기 때문이라고 그녀가 반짝이며 말한다. 아주 멀리 가진 않고, 별들의 오래된 골목에서 속삭이는 하얀 별.

　우주의 골목 수공업 지대에 재봉틀이 옷을 깁는다, 하얀 별에는 하얀 실밥 날린다. 그 재봉틀 재단대 옆에는 재단한 하얀 천 조각 쌓인다. 별의 흔적에는 실밥이 묻어 있다, 수술 자국 아물 겨를 없이! 무덤의 뚜껑을 열면 관 속에 얼룩으로 남았다, 수의에 배인 얼룩 환하다! 하얀 별은 자신을 다 태워 해쓱해진 별.

　우주의 골목 가로등 불빛이 환하다, 밤새 불빛 속에 눈은 내리고 먼 훗날 자신이 하얀 별이 될 줄 모르고 갈래머리 검은 교복 입은 소녀가 걸어가고 먼 훗날 상복 입은 여자가 걸어가고 **소풍은 무덤으로 간다**고 우리 어릴 적 소풍은 무덤으로 갔다고 봄이 오는 골목 돌아가는 소녀의 뒷모습.

　우리는 하얀 별이 되어간다, 자신을 다 태운 하얀 별. 우주 어머니 중력에서 태어나 중력으로 돌아가는 하얀 별. 어느 별인들 돌아가지 않으랴, 산산이 부서지더라도! 더 이상 막다른 골목은 없다. 우주의 골목은 환하다! 당신은 내게 다가온 별이라, 하얀 별이라. 백지 같은 당신에게 별이란 시를 써주고 싶었다.

 별은 아무것도 누설하지 않았다―내 시는 아무것도 누설하지 않았다!―별의 누설은 은은히 빛날 뿐이라고, 모든 고백은 제 자신에게 하는 것이기에 창백하게 떠 있는 별. 하얀 별의 고백은 백지인지도 모른다고, 백지의 고백을 들어라! 하얀 별.

詩魔
―십우도(아홉)

이미 우주 장례는 시작되었다 우주 장례는 끝없이 치러진다고 그 시인은 말했다. 모든 시는 장례에 바쳐질 것이기에 따로 조시(弔詩)를 쓸 필요가 없다. 모든 초혼은 별을 부르며 생겼다. 누가 죽으면 별을 바라보며 운다. 누구든 제 이름을 부르며 운다.

우주 장례는 서로 다른 별을 바라보며 우는 것이기에 어느 별이나 상갓집이 붐빈다. 우주의 상갓집 환하다. 어릴 적 상갓집 천막 안에 차려진 그 **시신** 음식 냄새 지금도 맡고 있는 것처럼 모든 풍경은 유전되는지 모른다.

별의 장례식 날 별빛이 붐빌 때 별빛이 웅성거릴 때 추수를 다 끝낸 텅 빈 늦가을 별밭 관이 하나 누워 있을 때 객사한 별은 집에는 못 들어가고 천막 안에 누워 있을 때 별을 만진 손을 소주로 씻다 울 때 무덤에는 못 들여보내고 별이 붐빌 때 별이 웅성거릴 때

먼 별 무덤까지—꽃상여 타봤으면! 별 무덤 밝기도 해라, 별이 무릎을 껴안고 잠들어도 환한 빛이 새 나온다. 저 별 졸음을 틈타 무덤이라도 껴안아봤으면! 별은 멀고 당신은 멀고 이름이라도 불러봤으면! 희붐한 새벽 오기 전에, 상여가 떠날 채비한다.

우리는 우주의 상여를 타고 여행한다. 우주의 상여가 환하다. 우주 꽃상여 한번 타봤으면, 우주의 상여는 별이기에 벌써 우리는 상여를 타고 있는 것이다. 우주의 혼백은 별이기에 벌써 우리는 별인 것이다. 우주의 골목 별들이 서성거릴 때 우주의 골목 환하다.

그녀의 울음이 환하다. 그녀가 울음을 터트리면 울음을 받아줄 강이 있어야지. 그녀는 그동안 너무 울음보를 막아놓았다, 그녀 스스로 상복을 입고! 더 매혹적인 것은, 상복 입은 그녀 스스로 보를 막는 것이다. 그녀가 울지 않아 야위는데 아 매혹이라니!

울음보 터트려야지
울음보 막으니
울음이 체하지,

우주의 강은 별이 흐른다. 자연의 강은 물이 흐른다. 사람의 강은 눈물이 흐른다. 그녀의 강 상류 중류 하류 격류 치며 여울지는 곳. 왜 그녀는 울음보를 막았나——비의 기억은 물의 기억 물방울 겹쳐져도 단 한 사람 흐른다. 우리는 강가에 너무 머물렀구나, 모든 게 흐려도 선명한 물의 기억.

그녀 울음보를 막아놓아 체증에 걸렸다. 모든 보는 울음을 체하게 하나 **울체**? 묵은 체증이 잠 못 들고 강변을 배회한다. 상복 입은 그녀 울음을 연주하는 것이리. 오오 사람의 강은 세상의 가장 긴 강. 가장 아름다운 그녀 음악은 **울음** 받아줄 강이 있어야지.

울음보 터트려야지

울음보 막으니
울음이 체하지,

"아름다운 별 얘기 많이 해도 모든 고백 제 자신에게 하지." 그 시인은 중얼거렸다. 당신과 나의 아름다운 강 봄이면 꽃강이 흐른다. 당신과 나의 아름다운 강 밤이면 별강이 흐른다. 아름다운 별 이야기 침이 꼴깍! 말을 삼켜 시가 된다, 말을 삼켜 별이 된다.

누가 창자가 끊긴 채 운다, 하얀 복대 친친 감은 채! 한때 콧대 높고 말이 없던 입, 무심한 백치 같은 눈빛 그의 고요한 눈빛 이제 이은 강은 무사한가, 새벽 수술실에서! 별들의 수술실이 환하다. 그의 배를 기워 온몸이 수술 자국 강은 흘러 흘러 먼 별의 강까지 환하다.

울음보 터트려야지
울음보 막으니

울음이 체하지,

 우리 사랑에도 보가 있나, 보를 터트려야 물이 흐르지— 우주 여자에게 별의 씨가 뿌려지고 오랜 임신 기간, 그 고통 우주 얼룩으로 남았다. 우주 태아 빛이 되기 전 어머니 중력과 하나였다, 중력에서 빛이 달아나느라 각축전 벌였다. 오 환한 빛보 터트려 우주가 생겼다, 오오 그 환한 기록이 우주의 비석이다!

 이미 나는 죽은 자인 것이다, 상복 입은 여자는 내 여자인 것이다. 광녀여, 우주의 광녀여! 별이여 하얀 별이여 내 시즙(詩汁)을 받아 마셔라! 오 사람 여자 38주 임신 기간—우주 여자 **38만 년 임신 기간** 오오 사태(死胎)도 있다지—다행히 낙태(落胎)하지 않고 어머니가 되었군.

 모든 고백은 제 자신에게 하는 것이기에— 제 앞에 죽은 그를 앉혀놓고— 그녀는 그 시인에게 얘기를 들려주는 것이다. 아무도 없는데 홀로 상복 입은 그녀는 끝없이 중얼거린다. 내 입을 빌려 숱한 입을 빌려 모든 고백은 제 자신에게 하는 것이기에 이미 죽은 자의 입을 빌렸군.

　그녀의 독백은 해쓱하게 지쳐간다, 모든 장례와 함께! 모든 별은 그녀 자신이 그린 것이다. 모든 무덤은 그녀 자신이 그린 것이다——내 마음이 별을 그려낸다. 상복 입은 그녀는 내 여자인 것이다. 그녀는 별의 공동묘지 묘지기 하얀 별, 그녀는 시의 공동묘지 묘지기인 것이다.

詩魔
―십우도(열)

 그녀들은 한 여자이다. 모든 고백은 제 자신에게 하는 것이기에 제가 제게 들려준다. 별들의 고백은 해쓱해져서 새벽을 맞는다. 시의 고백은 창백해져서 새벽을 맞는다. 오히려 어둠이 균열을 막는가!―**새벽의 시가 시의 보를 터트린다!**―그녀는 자신을 다 태우고 떠 있는 하얀 별.

 모든 방문자는 내가 불러낸 것이다―그녀의 방으로 나는 들어갔다. 그녀는 언제 방 안에 공동묘지를 마련했나, 여태 무덤 주위를 빙빙 도나. 그녀의 방을 방문하는 건 성을 방문하듯 어려운 일이다. 성문을 열고 나는 들어갔다. 나는 문비(門碑) 하나가 또 보여 문을 열고 들어갔다. 그녀의 방을 엿보는 건 설레며 무서운 일이다.

 그녀의 거울을 보려는 게 아니다. 화장대 분갑을 뒤져 얼굴에 톡톡 찍어보려는 게 아니다. 향수 냄새를 맡으려는 게 아니다. 더구나 시시콜콜 연애편지

찾으려는 게 아니다. 문서를 찾으려는 게 아니다. 이 방 안 어딘가 죽음의 그림이 있으렷다, 죽음의 악보를 찾으려는 게다!

  광녀여 우주의 광녀여 별이여 하얀 별이여
  내 시설(詩說)을 들어라!

  그 묘지기 소녀 피아니스트는 **무덤의 건반**을 두드린다. 공동묘지를 통째로 무덤 하나하나 건반 두드린다. 환한 무덤 발자국!—환한 무덤의 건반—착시인지 모른다, 그 공동묘지는 착시! 삶의 벌판에 무덤이 펼쳐져 있다. 죽음의 벌판에 무덤은 없다. 죽음의 벌판은 착시, 내 시는 착시인지 모른다. 그때 무덤 속에서 말이 들린다. "착시도 시다!" 그 소녀 무덤을 두드리는 손가락 끝에 풀풀.

  그녀와 시인은 다시 과학자 무덤을 찾았다—그에 대한 기억은 별과 같다. 멀고도 가깝다, 천문(天文)!

먼 우주를 건너는 별도 있으리라. 별이 신호를 보내는 건 우주의 완성된 그림은 없다는 것, 우주 그림을 다 그리지 못한 것이라고 시인은 말했지만 밤하늘 눈부신 묘지기는 무덤 사이를 거닐며 제 무덤을 본다.

광녀여 우주의 광녀여 별이여 하얀 별이여
내 시설(詩說)을 들어라!

별별 기억은 모두 얼룩으로 남는다. 별의 텃밭에서 배추처럼 별을 솎아 내면 좋으련만— 하얀 밑동 등 그렇게 제 몸을 보듬고 사는 자들!— 상복(喪服) 모양 지푸라기에 묶인 배추머리들! 별의 밑동이 환하다. 나는 며칠 후 돌아와 배추 포기를 묶으리라. 별들의 배추밭 시래기가 나올지라도, 겹겹이 치마폭 펼친 환한 배추밭! 별들의 모든 얼룩은 환희다.

그녀가 소스라치며 뒷걸음친다. 자신에게 놀라. 그녀는 과학자의 무덤을 떠난다. 결국 제 무덤에게로 돌아온다— 나는 내 무덤에서 그녀를 본다, 그녀는 붙잡히지 않는 떠돌이 별이다. 모든 별은 여행을 한다, 머무르지 않는 자가 별이다. 별들에겐 고향이 없다.

   광녀여 우주의 광녀여 별이여 하얀 별이여
   내 시설(詩說)을 들어라!

   그녀의 비문(碑文)을 나는 읽는다. 그녀가 제 방에 마련해놓은 공동묘지 숱한 비석! 그녀 무덤은 언제 생긴지 모른다, 우리는 늙어서 무덤에 가는 게 아니라 우리는 무덤에서 늙어간다고! 가장 아름다운 집은 무덤이기에 우리는 무덤을 벗어날 수 없다고.

   그녀가 외출에서 오면 무덤의 푸른 잔디는 살아난다. 그녀 생졸 기록이 여기 다 있다. 그녀는 시인의 무덤을 좋아했다, 과학의 무덤보다도! 그런데 시인이 그녀를 불렀다. 소녀여 무덤 별이여 하얀 별이여 모든 무덤 다르지 않다. 그녀는 여러 날 앓아 해쓱해진 별.

왜 아름다운 것은 불편한가. 먼저 죽은 자여 결국 내 죽음을 쓰리라. 무슨 마력이 아니더라도 우린 모두 별, 자신을 다 태우고 떠 있는 하얀 별. 하얀 별은 은은히 빛날 뿐, 아무에게 누설하지 않는 별. 별의 고백을 들어라! 하얀 별. 그녀 사랑은 하얀 별. 미이라같이 가벼이 떠 있는 하얀 별.

광녀여 우주의 광녀여 별이여 하얀 별이여
내 시설(詩說)을 들어라!

詩魔
—— 제7계

아름다운 무덤이여 하얀 별이여
내 시설(詩說)을 들어라

모든 이야기는 묘비에서 비롯되었다. 우리 생이 거꾸로 묘비에서 시작되기도 하니, 죽어버린 그녀의 묘비 앞에서 두 사내가 난투극을 벌인 사연은 이랬다. 죽음은 모든 걸 화해시키고, 그러나 죽기 전에 화해하면 얼마나 좋으랴 생각하지만 오히려 죽음이 무서운 비밀을 드러내 평화로운 묘비가 비극의 서막을 알리는 지옥의 문이 되어버린 것이다.

나도 모르는 사이에 내 생을 누군가 송두리째 알고 있다면 얼마나 몸서리쳐지랴, 그녀를 성에 가두어버린 사내는 묘비 앞에서 울고 있는 사내가 자신의 생을 낱낱이 알고 있다는 사실을 몰랐다. **시가 점화하려면 아직 멀었구나**

옛 애인의 무덤에 엎드려 우는 사내는 얼굴이 없고

몸이 없고 등이 없다. 자신을 무덤을 파헤치는 짐승이라 여기며 다가오는 한 사내를 긴 세월 기다렸다. 그녀를 성에 가두어버린 사내는 자신을 기다리는 짐승 같은 사내보다 무덤이 무사한가를 먼저 둘러보았다. 그녀는 무사한가 무덤이여, 무덤이여 무사한가 그녀의 아름다운 무덤이여, 무덤이여 무사한가

 아름다운 무덤이여 하얀 별이여
 내 시설(詩說)을 들어라

 시가 점화하려면 아직 힘들구나 내 애인의 몸과 영혼이여. 바람의 시를 쓰던 청년이여. 죽음을 노래하던 묘지기 소녀여. 그녀의 아름다운 손목에 내 시계를 차주고 떠난 지 삼십 년 만에 돌아와 보니, 내 손목이 내 시계를 차고 있다. 그녀는 내게 무슨 시간을 남겼나. 나는 시를 무슨 암호처럼 쓴다 — 그녀의 아름다움 그녀의 덫이 된 줄 모르고 피 흘리는 발목의 덫을 풀어주다 자신이 그녀의 덫이 된 줄 모르고 자

신이 그녀의 묘비인 줄 모르고 묘비를 찾은 사내 묘비 앞 에 우 는 사 내 짐 승 같 은 시 간 묘 비 에 새긴 생 졸 의 시 간, 에 서

 그녀를 성에 가두어버린 사내는 이젠 그녀를 무덤에 가두어버렸다. 그를 아는 사람들은 말했다. "그녀가 죽으면 그가 미이라를 만들 거야!" 아름다운 그녀를 성에 가둔 사내는 미이라를 곁에 두고 보듯 그녀를 사랑했다.

 그녀를 삼십 년 동안 성에 가두고 미이라를 만들었지만 그 자신은 모른다. 그녀가 얼마나 창백해져가는지, 성의 창문 열고 어둠 속에 걸어 나와 떠도는지, 홀로 하얗게 떠 있는 하얀 별인지. 밤새 성의 창문으로 별빛 흐르고 텅 빈 그녀의 방에서 하얀 빛이 새나오는지 성의 주인은 몰랐던 것이다.

 그녀를 성에 가두어버린 사내는 그녀가 죽자 곧바

로 매장해버렸다. 그녀를 불쌍히 여긴 사람들은 말했다. "살아생전 미이라요 죽으니 시체로군" 하지만 그녀를 무덤에 가둔 줄 모르고 하는 소리였다. "무덤보다 완전한 감옥은 없소" 그가 묘지기를 자처한 까닭을 사람들은 몰랐다. 그녀가 죽자 그가 성의 주인임을 잊어버린 것이다. **시가 점화하려면 아직 어둡구나**

무덤 앞에 우는 당신은 누구인가
왜 내 여인의 무덤 앞에 와서 우는가, 그가
무덤 앞에서 울고 있는 사내의
등에 대고 물었을 때 여전히 사내는
대답 없는 무덤 언제 생긴 무덤인가
간간히 무덤에서 새나오는 울음 두려워
그녀를 무덤에 가두어버린 사내는 자신이 두려워
우는 사내의 등에 대고 묻고 또 물었다.
너는 누군데 우느냐? 남의 무덤에 대고
우느냐? 죽음을 농락한 넌 누구냐?

내가 그다, "위로!"다.
내 죽음을 빙자해 그녀를 **유인**하여 네 입이
수없이 뱉은 위로다. 내
무덤을 다독거리는 성자의 손으로
다독 다독거리던 네 손이
그녀를 성에 가두기 전
위로다. 삼십 년 전의 위로다, 성에
그녀를 가둔 네가 족쇄를 채워버린

상처의 유인은 그렇게 시작되었노라
제 상처를 보여주어 유인하거나
남의 상처를 달래어 유인하는,
어린 처녀가 알 리 없기에

그녀는 내 여자, 어찌
네 여자냐?
모든 결혼이 무덤은 아니지만
결국 신부는 무덤으로 간다.

산 자의 결혼과 죽은 자의 결혼은 다르지 않다.

죽은 자는 죽은 자끼리
산 자는 산 자끼리
우주의 무덤에서 별은 태어나니
자신을 다 태우고 떠 있는 하얀 별
그녀의 영혼과 육신
산 자에게 잠시 맡겨둔 것
죽은 자는 죽은 자끼리

기억이 없으면 죽음도 없다.
고통 없는 나라! 무덤은 기억이 없다,
기억이 없는 무덤에서 싹이 자란다,
바라보는 연민이 아프다.

무덤 앞에 우는 우리는 누구인가
사랑의 잔혹사를 쓰려
비문이라도 다시 쓰려는가

모든 성은 제가 쌓고 제가 허물지만
방 아랫목에 시체를 누이고 몇 년을 윗목에서 자는
방 안의 묘지기도 있지만
그녀의 시체를 비닐로 꼭꼭 싸서
장롱 속에 숨겨두어
삼십 년째 미이라를 만들고,
그녀를 무덤에 평생 가둔 묘지기도 있는가

그녀를 무덤에 가둔 사내는
무덤에 엎드린 사내의 멱살을 잡고
무언가 말하려다 몸을 부르르 떤다.
우리는 무덤에 엎드려 맹세할 때
그녀의 몸에 엎드려 맹세할 때 몸을 부르르 떤다.
모든 쾌락은 맹세인 것을! 무덤인 것을
내 애인의 무덤 위에 부는 바람이여

하얀 면사포같이 눈이 날리면
신부의 얼룩진 무덤이여

삼월의 눈발이여, 우리는 봄에 죽고 봄에 결혼했구
나 **그해 봄 내가 죽고 그해 봄 네가 결혼했구나**
눈이여 멱살을 붙잡는 자 바뀌었노라
눈이여 멱살을 붙잡힌 자 바뀌었노라
우리는 뒤바뀌어 살아간다, 눈이여 멱살을 놓으시
구려

내 손끝에서 홀린 듯 솟아 나오는
시무덤! 그 봉분 어루만지고 어루만져 시가 된다.
그 손가락 두드리고 두드려 음악이 된다.
세월이여 멱살을 놓으시구려
세월이여 멱살을 놓으시구려

그녀 혼자 사는 성은 무덤의 성
도시의 성을 오가며 산다, 도시의 신이
일러준 것이다, 옷 짓는 법을!
도시의 신이 너를 만든 것이다.
먼지 풀풀 날려 비석 세우고

먼지 상복 옷을 지어 입힌 것이다.

아름다운 무덤이여 하얀 별이여
내 시설(詩說)을 들어라

묘비에 스산한 바람이 분다.
바람은 보이지 않아서 좋군
마음은 보이지 않아서 좋군
묘비에 스산한 바람이 분다.

산 자는 마음을 보지 못하는 것
죽은 자가 산 자의 마음을 보는 것
이미 난 네 마음을 보았노라
네 온갖 마음이 쌓은 죄의
벽돌 성보다 높구나
그 성 문을 열면 그녀 마음 알게 될 것이다.
그 성 무덤을 열면 그녀 몸 보게 될 것이다.
그러니 성급히 알려 마라 네겐

면죄부 끈보다 먼저 풀어야 할
비문(碑文)이 있는 것

멱살을 놓고, 멱살을 놓고, 세월의 멱살을 놓고
그녀와 나 너의 세월을 풀어보자!

사랑은 중간지대가 없구나
미움은 중립지대가 없구나

두 연적은 그녀가 죽어서야 만난 것이다,
얼키설키 실타래처럼
마음은 뵈지 않아서 좋구나
연적이여, 연적이여 우리 연적인 것을
 간질병처럼 사랑을 앓다 거품 물고 쓰러지는 연적인 것을, 그 소설의 백치 같은 연적인 것을
 마음은 뵈지 않아서 좋구나

 마음이 뵈지 않아서 좋다고? 무덤에 엎드린 어리석

은 사내여, 결코 넌 내 마음을 모를 것이다. 산 자가 산 자를 모르듯이 죽은 자도 산 자를 모른다. 아무도 그 생을 살아보지 않는다면 그 생을 모른다. 우리는 서로 모른다, 아무리 살아도 나를 모르고 너를 모른다! 네 놈은 죽은 자냐? 산 자냐? 얼굴이 뵈지 않는구나

  그녀를 나만 가뒀다 마라, 네가 정말 연적이라면 너도 가두지 않았느냐? 그녀 스스로 저를 가뒀다 마라, 네가 가두지 않았느냐? 그녀 아름다운 발목에 덫을 논 게 나냐? 너냐? 그녀 한쪽 발목 사랑의 덫을 또 한쪽 발목 죽음의 덫을 논 게 누구냐? 그녀가 피 흘린 발목으로 산 걸 아느냐? 네 놈이 죽어가며 혀만 놀리지 않았어도 발목 잡히지 않았을 것이다! 네가 죽어가며 더듬더듬 말하지 않았느냐? 세상에서 가장 무서운 덫을 쳐놓고도 너만 모르느냐? **죽 음 영 원 하 지 않 아 사 랑 영 원 해** 네 놈이 쳐놓은 말의 덫에 걸려 발목 없이 공중에 둥둥 떠 평생 뿌리내리지 못하고

살진 않을 텐데 삼십 년 만에 나타나 네 여자라고?

 연적의 사랑은 같은 색, 다른 색이라 우기는 마음 그 얼어 죽을 마음 심장도 뇌도 아닌지 몰라! 창자를 끊어도, 돼지 내장 속 뵈지 않아! 마음이 어디 있든 내 알 바 아니야, 죽은 자가 어디 마음이 있더냐? 보아라, 무덤 속을! 그녀가 무슨 생각 하느냐? 그녀 없이 살 수 없어 가뒀을 뿐이다, 살아선 성에! 죽어선 무덤에. 누굴 사랑할 수 있나? 제 자신 마음도 믿지 못하면서! 산 자들은 산 자들을 믿지 못하지 **산 자는 죽은 자를 믿는다네, 산 자가 변하면 죽은 자도 변하지. 산 자가 변하지 않게 죽은 자가 무덤에 있네**

 모든 이야기를 성에 가둔 사내여

 모든 사랑을 무덤에 가둔 사내여

 내 혼이 빠져나가고 몸이 타버린

나는 자화장(自火葬) 몸으로 네게 말한다.

나는 분신(焚身)을 말하려는 게 아니다.

나는 분신(分身)을 말하려는 게 아니다.

내 신이여, 예쁜 신이여 분신이여

누가 그녀 발목을 자르고 성에 가두었느냐?

그녀 발목을 자르고, 잘라서

둥둥 뿌리 없이 공중에 떠 있게 한 게 누구냐?

그녀 창백한 하얀 별이 된 줄 몰랐지.

이미 없는 발에 예쁜 구두를 신겨주겠다고!

아름다운 무덤이여 하얀 별이여
내 시설(詩說)을 들어라

모든 별은 자화장(自火葬)을 하고 있어

모든 별은 장례를 치르지.

하얀 별은 장례를 치르지.

하얀 별 네 속이 타고 애가 타고

네 혼이 빠져나가고 몸이 타는 하얀 별

너는 네 몸으로 장례를 치르고

먼 장례식에 문상 가는 별.

장례? 장례라? 모두 제 자신의 묘지기란 말인가, 제 무덤을 끌어안고 산 그녀도! 모두 속이 타서 재가 될 줄이야. 나도 애가 타서 소주를 들이붓고 잠들곤 했지. 가끔 그녀 고백을 엿듣긴 했지만, 밤새 이상한 소리가 들려도 무슨 짓을 하는지, 나중에야 알았지만 네놈 이름을 부르며 그 짓을 하고 있었어! 죽은 네놈과 자위를 하고 있었어! 성안의 성이었던 셈이지, 죽은 자를 애무할 수 있다는 건 죽을 수 있다는 것! 그녀의 처녀를 빼앗은 건 난데 그녀 영혼은 네놈에게 바쳐지고 있었어. 네놈이 차라리 그녀의 성을 길들이고 갔다면 내 성에도 안주했을 텐데. 결혼한 첫날밤 그녀 순결이 오히려 겁이나 피 흘린 성을 보면서도 성을 더 짓밟았지. 그녀 육체의 복수는 그때부터 시작되었어. 산 자가 길들여놓은 육체를 죽은 자에게 바쳤노라, 그녀 모든 애무는 죽은 자에게 바쳐진다. 그녀 육체의 고백은 산 자가 아니라 죽은 자에게 하는 것이다.

그녀는 제 고백을 누가 듣고 있는 줄 몰랐을 것이다. 제 자신에게 하는 제 고백도 제게만 하는 게 아니다. 모든 성안의 귀가 듣는다. 성의 벽돌 한 장, 창문마다 귀가 달렸다. 그녀의 방을 훔쳐보며 문비(門碑)에 귀를 대면 끝없이 중얼거리는 소리가 들렸지! 문 열어라, 문 열어라, 문 열어라! 내 성문의 문비여, 내 성문은 모두 비석이구나. 죽은 자만이 내 성문에 들어온다 **바람은 문에서 분다**

 산 자가 죽은 자를 알면 죽은 자도 산 자를 안다, 죽은 자가 산 자를 알면 산 자도 죽은 자를 안다. 나도 모르는 사이에 내 생을 누군가 송두리째 알고 있다면 얼마나 몸서리쳐지랴. 모든 비문은 죽은 자에게로 가는 문이다. 세상의 비석이 있는 건 비밀이 없다는 것! 그녀의 비석에서 그녀 고백을 엿들으며 난 네놈을 읽었지, 산 자가 산 자의 비석을 보고 죽은 자를 읽는다.

생은 끝없는 제 고백일 뿐— 오 그녀가 무덤 속에서 중얼거린다. 오오 그녀가 성에서 중얼거린다. 그녀는 죽었는가, 살았는가. 그녀 무덤은 허묘! 그녀 자신을 성에 가두고, 그녀는 제 고백을 듣는다. 그녀가 그녀에게 고백한다. 그녀의 성주(城主)는 제 자신 스스로 가두었다. 제 관에 누워, 관은 답답하지 않아 병풍 뒤에 누워 모든 이야기 관에서 나와 제 죽음을 톡톡 노크해보는 **관은 문을 닮았다.**

아름다운 무덤이여 하얀 별이여
내 시설(詩說)을 들어라

그녀의 성문을 열 수 있는 자는 누구인가
죽은 자 만이 그녀의 성문을 열 수 있다
산 자는 그녀의 성문을 열 수 없다
산 자는 산 자끼리 죽은 자는 죽은 자끼리
그녀가 살아 있다면 성문을 연 자는 누구인가
산 자인가 죽은 자인가

사간(死姦)은 있는가,
사간(死姦)은 가능하다. 성 없이
동정녀 마리아 잉태는 가능하다.
산 자가 그녀의 성문을 두드려도
죽은 자를 위해 문을 두드린다.
죽은 자만이 그녀의 성문을 열 수 있다
죽은 자만이 내 성문을 열 수 있다
죽은 자만이 문비를 열 수 있다
나는 끝없이 성문을 열 수 있는 자를 찾아 나섰다
그녀는 산 자의 몸을 빌려
죽은 자의 방문을 받은 것
그녀의 방문객은 죽은 자인 것
그녀는 끝없이 문을 열 수 있는 자를 찾아 헤맸어,
아 혼몽! 혼몽! 혼몽의 시절이여
그러다 무덤에 엎드린 사내를 만났어,
그는 산 자인가 죽은 자인가
죽은 자와 산 자의 성이 결합하길
바라며 그를 대리인으로 내세워

성을 쌓았어, 산 자의 몸을 빌려 성을 쌓았어
죽은 자와 성은 가능한가
그녀는 성문을 열고 죽은 그를 만나기 위해
산 자의 몸을 빌렸어.

그녀가 제 무덤에 그를 엎드리게 한 건가
그 사내가 성안의 묘지기인가, 그녀 자신도
제 묘지기 묘지기만이 비문을 읽을 수 있다,
죽은 자만이 그녀 성문을 열 수 있다고.
산 자를 빌리라, 산 자를 빌리라
산 자의 몸은 죽은 자의 몸
몸 바꾸어 오라, 바꾸어 오라
그녀를 가질 수 있는 건 죽은 자
산 자는 그녀를 가질 수 없다.

모든 살에는 비계가 붙어 있어
모든 비계에는 살이 붙어 있어
산 자들 사이에 죽은 자가

끼어
그릇에 둥둥 뜬 하얀 비곗덩이
산 자는 죽은 자들의 비곗덩이
산 자가 산 자의 성문을 열면
죽은 자가 들어온다.

    그녀는 이야기꾼 나는 대필가
    그녀는 시인 나는 대필가

그녀는 끝없이 나를 찾아 헤맸어
산 자의 옷을 입기 위해
상복도 산 자들의 옷
산 자의 옷은 많구나
죽은 자의 옷은 몇 벌인가

그러고 보니, 그녀를 성에 가둔 사내여
무덤에 엎드린
나나 너나 죽은 자의 옷인지 모른다.

그녀의 옷은 한 벌
죽은 자의 옷은 한 벌인지 모른다.
네 황금의 성에 그녀를 가둔 게 아니라
그녀 황금의 성에 우리를 가둔 건지 모른다.
네가 그녀를 유인한 게 아니라
그녀가 우리 산 자와 죽은 자를
함께 유인한 건지도 모른다. **황금의 성도 무덤도 다 과거이네**

그녀 탄식이 들리는가
그녀 우리 둘 대리인을 내세워
옷을 바꿔 입는지 모른다. 성에서
무덤 속에서 탄식이 들린다.
우리 여별의 옷이 있거든
죽은 자에게 주라고 하지 않았느냐
네 여별의 옷을 산 자에게도 주라
모두 상복(喪服)이니 나누어 주라

죽은 자만이 그녀의 성문을 열 수 있다?

무슨 까닭인지

자아, 무덤에게 들어보자!

무덤이 무슨 말을 하겠나?

묘지기들에게 물어보라!

아름다운 무덤이여 하얀 별이여
내 시설(詩說)을 들어라

마음은 보이지 않아서 좋아라
마음은 보이지 않아서 좋아라
바람을 타고 들리는 저 소리
묘비의 노래인가, 묘지기의 노래인가
모든 마을 모든 나라는

공동묘지 구획일 뿐
지구는 공동묘지 구획일 뿐
큰 빗돌 하나 세우면 지구는 무덤이 된다.
너희는 무덤의 노래를 들어라!
무덤 사이를 거닐며 너희는
바람의 노래를 들어라!
무덤 바람을 타고 들리는 저 소리
무덤 건반을 두드리는 소리
공동묘지 수백 기 무덤이 건반이어서
무덤 건반 하나하나 통째로 두드리는
저 처녀 피아니스트 묘지기여

마음은 보이지 않아서 좋아라
마음은 보이지 않아서 좋아라
바람을 타고 들리는 저 소리
묘비의 시인가, 묘지기의 시인가
묘비는 인자하지 않아라, 인자하지 않아라
묘비 위에 묘비 묘비는 늘고 늘어

묘비를 아무리 둘러봐도
무덤에 서 있는 우리는 빗돌이다.
너희는 무덤의 시를 들어라!
무덤 사이를 거닐며 너희는
바람의 시를 들어라!
무덤 바람을 타고 들리는 시
무덤의 시인가, 시의 무덤인가
시인 묘지기여

어느 비가를 불러도 무덤은 말이 없을 것이다. 내 비가는 아직 무덤에 이르지 않았다. 생각이 꽃피어 떨어지지 않고 열매 맺을 때까지 무덤아 침묵해다오! 우리에게도 꽃시절이 있었나, 우리에게도 신혼은 있었나. 옛날의 꽃나무는 꽃상여가 되어 타오른다! 내 신부의 무덤가에 늙은 벚나무 한 그루 환하다, 내 애인의 꽃상여 한 채 타오른다. 신부여, 신부여 나의 신부여. 그녀의 옷은 수의를 닮았다, 그녀의 흰옷! 모든 웨딩드레스는 수의를 닮았다.

우주에서 가장 아름다운 눈

은은히 빛나는데

바라보면 빨려드는

광채가 나는,

하얀 별

 하얀 별. **당신 눈을 담을 수 없구려** 그녀의 눈에 대해 나는 시를 쓸 수 없네. 당신 눈에 들어가고 싶어, 당신 눈에 들어가고 싶어, 하얀 별. 당신 눈에 들어가고 싶었지, 우주에 은은히 광채 나는 하얀 별. 당신 눈에 들어가 살고 싶었지, 세상에서 가장 아름다운 눈 그녀에 대해 말을 못 한다! 하얀 별.

사람의 눈에 무엇이든 담을 수 있다, 그런데 시에게 그런 눈이 있나. 눈이 있다면 너는 무엇을 보느냐

시는 천수천안관음(千手千眼觀音)이지만

시인은 한 개 눈으로밖에 보지 못한다

그녀 눈을 다 들여다볼 수 없다, 하얀 별.

그녀 겪는 일은 우주가 겪는 일. 우주가 겪는 일을 우리는 다 겪고 있지, 그러니 세월을 이길 사랑은 없다지만 우주는 그리 호락호락하지 않아 우리가 모르는 무덤도 있을 것. 누구나 제 빗돌을 가지고 있어, 누구나 제 무덤을 가지고 있어 자기도 모르게 비문이 쓰여지고, 묘비의 생졸 연대가 뒤바뀌기도 하는 것이

다. 모든 극적인 것은 죽음에서 생기는 것 **내 비가는 아직 무덤에 이르지 않았다.**

 하얀 웨딩드레스와 수의는 주머니가 없다, 묘지기라도 화사한 옷은 없나. 왜 당신은 상복 같은 검은 옷만 입나. 왜 당신은 수의 같은 하얀 옷만 입나. 그녀는 하얀 별이며 검은 별, 블랙홀 같은 검은 별. 하얀 별은 검은 별, 모든 걸 빨아들이는 하얀 별. 하얀 별과 검은 별은 한종족이나. 우리는 모두 별의 종족 별밤 묘지기에게 물어봐야 하나. 그녀의 무덤은 환하다! 그녀는 한 벌의 옷을 뜨개질하고, 나는 시를 쓸 때 그 끝을 홀맺지 말고 남겨두어라. 다음 날 또 이어 뜨개질하여 한 벌의 상복을 갈무리하려면.

 아름다운 무덤이여 하얀 별이여
 내 시설(詩說)을 들어라

 그녀의 뼈를 산상꽃밭에 뿌리고 나는 묘지기를 해

요, 고운 분말 뿌리에 스미면 꽃은 피고 꽃밭의 묘지기인 나는 꽃 마중하리니, 모든 꽃들이 환한 계절 어느 영혼인들 돌아오지 않으랴. 바람에 꽃비 날리며 떠나더라도 또 꽃 무덤 생긴다. 그녀의 뼈를 꽃밭에 뿌리면 꽃잎 피어요.

그녀의 뼈를 천상별밭에 뿌리고 나는 묘지기를 해요, 고운 빛이 닿아 별은 빛나고 별밭의 묘지기인 나는 별 마중하리니, 모든 별들이 환한 계절 어느 영혼인들 돌아오지 않으랴. 바람에 별이 스치면 떠나더라도 또 별 무덤 생긴다. 그녀의 뼈를 별밭에 뿌리면 빛이 터져요.

그녀는 제 무덤을 지키는 별지기가 될 것이오, 별무덤이 딸아, 딸아 부르면 엄마! 엄마! 대답하면 될 것이오, 별아, 별아 부르면 빛나면 될 것이오, 꽃아, 꽃아 부르면 환하면 될 것이오, 님아, 님아 부르면 님이여, 님이여 대답하면 될 것이오, 아무리 대답해도 제가 제게 대답하는 것을, 아무리 대답해도 묘지기 처녀는 귀머거리인 것을.

   그녀는 공동묘지에서 신이 내렸다. 어린 그녀가 도망 다니면 묘지기들이 붙잡으려 하고, 비호같이 획획 날아다니면 또 붙잡으려 하고 남의 앞날이 자꾸 보여 입이 터져 말했다. 그녀 사랑은 묘지에서 시작되었다. 신과의 사랑, 죽은 자와의 사랑! 산 자보다 귀신을 사랑했다. 묘지에서 묘지기를 만나기 전까지, 산 자의 몸이 빠져나간 영혼은 단순해진다. 신의 질투는 인간보다 무서운 것을 **시의 질투는 인간보다 무서운 것을**

  아름다운 무덤이여 하얀 별이여
  내 시설(詩說)을 들어라

  사랑은 언제 무슨

옷을 입을 줄 모른다! 하얀 별은 검은 옷을 입고

검은 별은 하얀 옷을 입고 그 상복 입은 여자는

광채가 나는 눈, 염한 몸으로 무서운 외출을 하고

싶었는지 모른다. 제가 제 몸을 염습하듯

감싸 안은 옷은 무덤 밖으로

나가기 위한 외출복.

모든 죽음은 환하다

검은 상복 입고 죽음은 오지 않는다. 그것은 산 자들의 옷!

지구에 발 딛고서 **먼 빛**을 보라

그 누구도 죽음 직전은 환희다.

모든 음악은 장송곡인지 모른다,

내 무덤 위에 울린다!

내가 내 무덤 건반을 두드리면

울음이 들리고 내가 내게서 퍼다 나른

울음을 솎아내느라 손가락에 풀독이 들었다.

내가 죽은 내게서 퍼다 나르고

솎아낸 울음 잘 다듬어 쌓아두면

새로 생긴 무덤이 환하다, 그 울음 다 빠져나가지

않고

내 눈에 남아 출렁거리는 배처럼

세상 밖에

외출 나온 신발이 보인다.

아름다운 무덤이여 하얀 별이여
내 시설(詩說)을 들어라

무덤이 뜨면 별이 된다.
별이 뜨면 무덤이 된다.
별이 내리면 무덤이 되고
무덤이 오르면 별이 된다.

마음은 몸을 얻어 별이 된다.
몸은 마음을 얻어 별이 된다.

별 무덤 눈 내리면 무덤이 빛난다.
별 무덤 비 내리면 무덤이 젖는다.

비 오는 날 이사하는 영혼은 젖은 구두를 좋아하는 자들이지 별 무덤 위에 삼월의 진눈깨비 뿌린다. 눈의 소용돌이, 비의 소용돌이 섞여 친다. 바람의 소용돌이 따라 낮밤이 오고 계절이 오고 그 사람이 죽고 오 첫눈이야 외치며 쓰러지던 청춘의 겨울 가고 마음의 신발 바꿔 신듯 세월 가고 무덤의 유리창 너머 노을이 뜬다. 모든 별은 소용돌이 속에 뜨고 이 무덤 고요야말로 소용돌이, 이 성이야말로 소용돌이, 벽돌 같은 마음의 세포가 소용돌이, 백지 같은 하얀 잠, 어느 날 자고 일어나니 별자리가 바뀌다.

남의 몸을 빌린 혼들은 왜 싸우지 않는가, 남의 무덤을 빌린 혼들은 왜 싸우지 않는가. 한번 혼이 들어온 몸 다른 혼이 들어오기 쉬워, 한번 혼이 들어온 무덤 다른 혼이 들어오기 쉬워. 내 무덤에 밤이 오면 혼이 들어오기 쉬워. 내 무덤에 들어온 혼들이라면 싸우지 말아야지, 너희는 죽은 자가 아니냐? 산 자의 몸을 빌려 끝없이 괴롭히는구나! 별이 뜨러 소용돌이치는 무덤—별의 소용돌이 무덤의 소용돌이 비의 소용돌이 시의 소용돌이

  아름다운 무덤이여 하얀 별이여
  내 시설(詩說)을 들어라

시는 정해진 대로 써지지 않는다
죽은 여자가 내 여자 네 여자가 어디 있을까
정작 죽음 앞에 내 죽음의 시는 무슨 의미가 있을까
모든 성에는 무덤이 있다.
황금의 성에 무덤이 더 많아, 아름다운 성
스스로 벽돌을 쌓았다, 안 그런가! 무덤이여

멱살 잡은 주먹을 펴서 꽃을 피우는 시인이여
꽃이 시들어 무덤이 되는 걸 보았는가, 내 여인의

무덤에 엎드려 삼십 년을 기다렸다,
저 자의 주먹이 펴져서 꽃이 피는 걸 보려고!
하지만 꽃을 움켜쥔 채 꽃이 지는 줄 모르고
주먹 안에 가둬버렸어, 저 자가 죽어
손을 펴기 전에 꽃은 피지 않는다.

네가 황금의 성을 아느냐
내가 벽돌 한 장 한 장 쌓으며 얼마나
피 흘린 줄 아느냐
모든 걸 빗돌이라면서도
너희는 무덤 곁에 살지 않느냐
내가 세상에서 가장 잘한 일은
처녀가 성에 눈뜨지 못하게 한 것!
어떠한 사랑도 빗돌을 견디지 못하고
어떠한 권력도 무덤을 견디지 못하고
성을 가두지 않고는 붙잡을 수 없었네, 그녀를!

나는 도망가지 않을 것이다,

내가 도망가면 모두 살해된다.

지구 끝까지 쫓아와 날 성에 가둔 사내여

나는 **황금의 성**에 개처럼 돌아왔다, 개끈이 떨어져도 도망 못 가고

나를 잡아먹으려 불을 지피고

몽둥이로 패 검게 그을려도, 다시 그 끈을 물고 돌아왔다.

나는 상복을 입고 삼십 년을 기다렸는지 모른다, 네 죽음을

나는 상복을 입고 삼십 년을 기다렸는지 모른다, 내 죽음을

그녀는 상복을 입고 삼십 년을 기다렸는지 모른다, 그 사내가 돌아와 무덤에 엎드리기를! 그녀 마음속에 한 사내가 둘이 되어 싸운다, 무덤이 바뀌는 건 별자리가 바뀌는 것, 공동묘지는 별자리가 바뀐 것! 모두의 무덤을 만들고 싶었다, 제 무덤 앞에 엎드리기를! 두 사내의 전쟁은 끝나지 않을 것이기에. 다만 그녀

는 지켜본다. 무덤은 참회하는 자에게도 참회 않는 자에게도 무덤덤하다. 깊은 산중의 공동묘지를 그대로 옮겨놓은 도심의 공동묘지에서 오 머리에 불 을 켜 고 꽃 상 여 같은 빌 딩 들! 황금의 성도 무덤도 다 과거이네, 봄눈 희끗한 묘지에서 중얼거리며.

그 악마는 상복을 입고 삼십 년을 기다렸는지 모른다, 성에 갇힌 그녀는 자신을 죽일 수밖에 없었어. 그가 죽기 전 목에 걸어준 하얀 별 목걸이를 한 채 성으로 가지 말아야 했던 것을. 산 자와 죽은 자 가운데 누워 살았어, 너는 죽어서 이런 고통을 주느냐. 너는 살아서 이런 고통을 주느냐. 삶도 죽음도 사랑하지 못한 악마야, 악마의 집이 편해졌어. 악마의 무덤이 편해졌어, 죽기 두려워! 죽은 자도 고통이 있겠지, 죽은 자를 지켰어야 했어. 산 자는 믿을 수 없으니, 죽은 자를 버렸으니 성에 갇혀도 싸다, 싸! 제가 제 무덤에게 자책하며 제가 제 무덤을 둘러보며.

아름다운 무덤이여 하얀 별이여
내 시설(詩說)을 들어라

우리 한 벌의 상복을 짜려
씨줄 날줄처럼 옷의 무덤에 온 게 아닐까,
우리 시의 혼례를 치르러
신랑 신부처럼 시의 무덤에 온 게 아닐까,
우리 모두 시의 혼례에 초대받은 시일 뿐
우리는 시에 지나지 않는다.

시의 혼례는 시의 장례와 치러지기도 한다.
시의 신랑 신부 곁에는 죽은 신랑도 있어
하얀 웨딩드레스와 검은 상복
아 신부는 어쩌나, 신부는 울며
무덤의 혼수품을 들고 시집간다.
제 방에 마련한 무덤들은 죽은 자가
결혼 선물로 주고 떠난 것이다.

그녀는 시의 혼례였고

그녀는 시의 장례였고

하얀 별은 자화장(自火葬)한다.

하얀 별은 자신을 다 태우고
중력으로 빛나는 별.

하얀 별 하얀 면사포 얼룩이 질 때

하얀 곤달걀 속에 웅크린 그

병아리처럼 핏물 든 무덤

그의 무덤은 자화장(自火葬)한다.

내가 감당하기 힘든 구절을 잡아두지 않고 쓴다,

숱한 시들의 명구는
별처럼 쓸쓸히 빛나리.

그녀는 시였고

그녀는 **우주눈**

천 개의 눈을 지녔다.

천 개의 손

천 개의 입

시의 혼례는 제가 제게 묻고
제가 제게 대답하는 것

제가 제 방 안 마련한 공동묘지

초대한 묘지기와 사내들

제가 제 입을 빌려 말하는 것
제가 제게 고백

제가 제게 문상 가고
먼 장례식 문상 가는 별.

그녀 하얀 별

그녀의 소용돌이

빛의 소용돌이

빛 무덤

하얗게 하얗게

부풀어

하얀 별 부풀어

우주 모든 빛

폭발!

우주 여자 불러오는 배

튼 뱃살

찢어지며

여성 우주 남성 우주 중성 우주

태어나고

별 생겨나고

별 생겨나

태양은 하얀 별로 돌아가고

그녀는 별에게 문상 간다.

그녀 무덤에 엎드린 별에게 문상 가고

그녀를 가둔 별에게 문상 가고

모든 별에게 문상 간다.

모든 별은 자화장(自火葬)을 하고 있어

모든 별은 장례를 치르지

하얀 별은 장례를 치르지

하얀 별 네 속이 타고 애가 타고

네 혼이 빠져나가고 몸이 타는 하얀 별

너는 네 몸으로 장례를 치르고

먼 장례식에 문상 가는 별.

너희 모두 시의 장례

너희 모두 시의 혼례에 지나지 않는다,

모든 자화장(自火葬)은 시다.

광녀여 우주의 광녀여 별이여 하얀 별이여
내 시설(詩說)을 들어라

|해설|

죽음의 은유와 은유의 죽음, 그리고 무덤의 광시곡

정과리

> 생각이 꽃피어 떨어지지 않고 열매 맺을 때까지 무덤아 침묵해다오! ―「詩魔―제7계」

1. 심우: 삶을 찾아서

이 시집은, 「詩魔―십우도」 열 편에 이어 「詩魔―제7계」 한 편으로 구성되어 있다. '십우도'는 잘 아시다시피 '심우(尋牛)'를 화두로 한 선 수행의 열 단계를 그린 그림이다. 이것은 이 시집이 삶의 뜻을 찾기 위한 모색의 일종이라는 것을 가리킨다. 그리고 그러한 모색의 뒤에는 삶의 뜻이 실종된 상황이라는 전제가 숨어 있다.

시집은 삶=죽음이라는 극단적인 선언으로부터 시작한

다. 지구는 장례 중이고, 별은 무덤이고, 산 자는 송장이고, 생가는 폐가이고, 집은 상여이며, 여행은 자폐다. 20여 년 전에 이런 진술을 읽었더라면 매우 놀랐을 것이다. 그러나 우리의 생에 판타지가 들어온 이후, 우리는 죽음과 삶의 동일시에 너무 익숙해져버렸다. 그 동일시를 통해서 죽음을 즐기는 일이 나날의 휴식이 된 지 오래였다. 따라서 우리는 이런 광경이 출현할 때마다 그 유희의 까닭을 물어야 한다. 왜 그런 유희가 필요한가를 묻고 그것이 정말 유희인가를 물어야 한다. 물론 시는 그에 대해 대답을 할 의무가 있다. 「詩魔—십우도(하나)」는 그 물음에 '우물'의 고갈 때문이라고 답한다. 그리고 아무도 우물의 고갈을 알려 하지 않는다고 덧붙인다.

시의 장례는 울음이 없다. 고향의 장례는 울음이 없다, 고향은 울음을 퍼 나를 우물이 없다! 우물이 없는 마을은 죽은 것이다, 우물이 짐승처럼 울어도 아무도 못 듣는다. 우물은 울음의 바닥을 보이지 않는다. 우물은 울음을 퍼내지 않아 썩어가며 고였다.

우물의 고갈이 '생명의 황폐화'와 동의어라는 생각은 과학적으로도 타당하며, 저 '어부왕'의 신화가 가리키듯이 아주 오래된 인류의 상상력이다. 따라서 꽤 보편화된 생각이기도 하다. 다만 독자는 이런 보편화된 생각을 현실과

동일시하는 걸 피해야 한다. 시인이 얼마간 이런 상황을 오늘의 현실에 대한 진단으로 여겼을 가능성은 있으나, 거기에 독자가 동의할 이유는 없다. 그것은 비슷한 상황을 가정하고 있는 엘리어트의 『황무지』를 두고 1920년대 유럽의 현실을 그대로 우의한 것으로 읽으면 작품의 진정한 맛을 느낄 수 없게 되는 것과 마찬가지다. 물론 시의 상황은 현실에 대한 암시를 담고 있다. 그러나 독자가 하는 일은 작품 속의 상황을 치러내는 인물들의 경험과 상황의 변전을 추체험하면서 그것을 실제의 현실을 포함한 여러 다른 가정적 현실들과 다양한 방식으로 비교하고 뒤섞으며 의미의 금속들을 제련(製鍊)하여, 현실에 대한 성찰을 조직화하고 삶의 가능성을 확장하는 것이다. 따라서 독자는 김영산이 제시하는 '죽음'의 상황을 대면하여, "이게 오늘의 현실인가?"라고 물을 게 아니라, "현실이 만일 이와 같다면 우리는 어떻게 이것을 치러낼 수 있을 것인가?"를 우선 묻고, "우리의 경험이 진실했다면, 이 경험은, 저 가정된 상황을 얼마간 포함하고 있는 오늘의 현실을 인식하고 변화시키는 데 어떻게 작용할 수 있을 것인가?"를 한참 후에 이어서 물어야 할 것이다.

그러니 독자는 앞의 인용문에서 '우물의 고갈'이라는 사태 앞에서 멈출 것이 아니라, 그 우물의 고갈을 표현하는 어법을 느껴야 하는 것이다. 바로, 시는 "울음을 퍼 나를 우물이 없다"고 말하는데 이것은 '우물의 고갈'을 되풀이하는 게 아니라 연장하고 있다는 것을. 즉 이 시구는 물이 있되, 순환하지 못한다는 것을 가리킨다. 이는 물이 풍부함을 유지하기 위해 계속 솟아나야만 존재 가치가 있다는 것을 함의한다. 즉 물은 운동으로서만 존재하는 것이니, 이것은 곧 이 시집의 존재 이유에 맞닿는다. 이 구절을 통해, 삶=죽음이라는 기본 인식은 순환해야만 하는 죽음이라는 실천 이성으로 이동하는 것이다. "우물은 울음의 바닥을 보이지 않는다"라는 진술은 그 이동의 필연성을 제시한다. 우물이 고갈되었다 하더라도, 우물의 고갈 자체가 야기한 울음으로서의 물은 거기에 있다. 그 때문에 울음은 완벽한 가뭄의 형태로 끝장을 보지 않는다. 대신 울음이 운동의 불가능으로 인해 "썩어가며 고였다". 그러나 그게 물인 한, 그것은 움직여야 한다.

'십우도' 연작은 이러한 '순환으로서의 죽음'이 실행된 자리로서 그려진 것이라고 할 수 있다. 무엇보다도 그 실행은, 방금 보았듯, 언어의 실행이다. 언어가 문장의 구성만으로 물의 움직임을 이끌어내는 것이다. 우선 상태가 운동이 되었다. 삶이 곧 죽음이라는 비극적 인식은 순환으로서의 죽음으로 바뀌었다. 그러나 거기에 그치는 것이 아니다. 그렇게 죽음이 이동하려면 스스로 에너지를 내장하고 있어야 한다. 그런데 삶이 죽음인 상황에서는 에너지가 모두 고갈된 상태와 다름이 없다. 또한 다른 곳에서 그 에너지를 길어 올 수도 없다. 오로지 죽음 그 자체로부터 삶의 기운을 끌어내는 것밖에는 다른 도리가 없다. 언뜻 시인은 근본적인 궁지에 처해 있는 듯이 보인다. 어떤 바깥에도 의지하지 않고 죽음으로부터 생을 이끌어내는 건 불가능한 일로 보이기 때문이다. 그러나 시인은 최후의 무기를 가지고 있다.

 시인은 그것을 알고 있으며 그렇기 때문에 그것이 불가능한 게 아니라고 생각한다. 그래서 그는 「詩魔－십우도(하나)」에서 "우리가 죽은 자인지 모르고 죽은 자를 만나러 간다"라고 선언한 후, 「詩魔－십우도(둘)」에서, "바위는 언제 꽃 피나?"라고 질문하고, "아직 암매장 벌판은 읽혀지지 않았다"라는 사실을 확인한다. 이것을 절망의 넋두리로 읽을 수도 있지만, 완전히 거꾸로 읽을 수도 있다. '바위는 꽃 필 것이고, 나는 암매장 벌판을 읽어야만 하겠다'로 말이다. 그것이 시 본문의 질문법과 유보 투의 모호성이 감춘 기능이다. 게다가 「십우도」 2편의 화제(畵題)는 '견적(見跡)'이 아니던가? 바위는 꽃의 자취이고, 벌판은 서판(書板)의 자취인 것이다. 그렇게 죽음에서 삶을 읽어내고 절망에서 희망을 추출하는 시인의 무기는 바로 은유다. 은유는 모든 것을 변환시킨다. 죽음을 삶으로 바꾸고 속을 성으로 바꾸며 황폐를 풍요로 바꾼다. 김영산의 은유는 가장 극단적인 은유, 즉 반대편의 의미를 유도하여 두 극단의 충돌을 통해 새로운 비전의 섬광을 일으키는 모순어법oxymoron으로서의 은유다.

그것은 "사라질 별"을 "하얀 별"로 만들고(「詩魔-십우도(여덟)」, "시즙(屍汁)"에서 "시즙(詩汁)"을 짜내어(「詩魔-십우도(아홉)」), "분신(焚身)"으로부터 "분신(分身)"을 요량하되, 그러한 생의 분열을 가능케 하기 위해 "분〔홍〕신"(「詩魔-제7계」)을 신는 것이다.

이 모순어법들이 극단을 교환하는 것이라면, 그래서 죽음의 현장을 살아 있는 마당으로 바꾸는 것이라면, 여기에는 모종의 능청 혹은 **뻔뻔함**이 숨어 있다고 할 수 있으리라. 실로 은유의 모순은 현실의 실패를 말의 승리로 바꾸되, 말의 성취를 현실로 환원시키지 못한다는 것이다. 그것 역시 시인은 의식하고 있었다. 그는 '죽은 자가 죽은 자를 만나러 간다'는 1편의 선언을 "우리가 죽은 자인지 모르고 죽은 자를 만나러 간다. 제 집에 돌아와 꽃상여를 보고 빈가워한다. 상엿집 훤한 거실 환한 관이다!"라고 기술했던 것이다. 죽은 자인지 모르고 죽은 자를 만나러 가는 걸 아는 자가 기술하니, 이 행동은 거기에 제동이 가해지지 않는 한, "죽은 자인지 모르는 척, 죽은 자를 만나러 간다"라는 문장이 된다. 즉 "모르는 척"은 자신의 뻔뻔함에 대한 고백의 기능을 하고 있는 것이다. 이렇게 자신의 모순을 의식하고 있는 시인은 그 모순을 생의 진정한 풀무로 만들기 위해 몇 가지 방법을 고안해낸다. 미리 열거하자면, 주체의 객관화, 세계와 고향의 맞물림, 죽음의 반복 강박, 경계에 머물기가 그것들이다. 이 항목들을 순차적으로 살펴보기로 하자.

'주체의 객관화'는 필수적인 절차다. 자신의 모순을 의식하는 자와 겪는 자의 분리만이 모순의 경험에 변화를 가져다줄 수 있기 때문이다. 이로부터 '시인'은 시 세계 속의 순수한 인물이 된다. 그리고 그것을 의식하는 자는 '화자'로 분리된다. 여기에서 주의해야 할 것은 시 세계 속의 시인의 행위는 시 쓰기이지, 사건이 아니라는 것이다. 왜냐하면 삶=죽음이라는 재앙을 신생으로 돌리는 게 '시인'의 임무이기 때문이다. 그래서 시 내부의 '시인'은 스스로 내부적인 분리를 감행해, 재앙을 오로지 겪는 자와 재앙을 치러내는 자를 갈라, 전자를 '음악가'에 후자를 자신에게 할당한다. 음악가는 고향의 부음을 전하고자 하는 사람이었다. 그러나 고향의 부음은 동시에 고향 마을 사람들의 부음이기 때문에 사실상 음악가의 부음이기도 하다. 그래서 그는 고향의 부음을 전하고자 도시로 떠났으나, 그가 거기에서 만든 것은 "제 자신의 진혼곡"이었으며, 존재=공간의 동일시에 의해 고향의 부음은 "도시의 부음"이 된다(이 맞물림이 두번째 절차의 최초의 씨앗임을 유념해두기로 하자). 이와 같은 분리에 의해서 시에 관여하는 존재는 다음과 같이 셋으로 분화된다.

(1) 시 속의 사건(죽음)을 겪는 존재: 음악가
(2) 은유를 통해 죽음을 신생으로 돌리려는 존재: 시인

(3) 시인의 시적 행위를 성찰하는 존재: 화자

이와 같은 삼중의 분화가 필요한 이유는 사건과 행동과 성찰을 긴밀히 맞물리게 하기 위해서다. 왜냐하면 이러한 삼중의 구속만이 은유의 허위를 사건의 진실 속으로 되돌려 은유의 진실로 바꿀 수 있는 기본 장치이기 때문이다. '은유의 허위'로부터 은유가 구출되고, '사건의 진실'로부터 '진실'이 추출되어, 은유와 진실이 결합할 때 비로소 '삶-죽음'을 '죽음-삶'으로 변환하는 운동이 참뜻을 보유할 것이다. 「詩魔-십우도(둘)」의 한 대목은

시를 쓰는 한 별은 빛나리

하지만 쓸쓸한 육체의
비문(碑文)을 누가 읽고 갈 것인가?

라고 탄식하고 있는데, 이제 육체의 비문을 읽어 별이 빛나도록 해야 하는 것이다.

다음, 세계와 고향의 맞물림. 순서에 먼저 주목하기로 하자. 이 명제는 '고향과 세계의 일치'를 역전시킨 것이다. 고향과 세계가 일치하는 곳에서 독자는 음악가의 부음을 보았다. 세계와 고향이 맞물리는 자리에서는 시인의 운동이 뜻을 얻으리라. 즉, '심우'하리라. 시인의 모습이 "깡마

른 육체"로 묘사되는 것은 그 때문이다. 그는 은유에 배부른 자가 아니다. 목마른 자다. 그의 별은 빛나기 이전의 "해쓱한 별"이다. 그리고 시는 "죽은 자의 비석"으로서 시작해 "다시 나기"를 수행한다.

이 '다시 나기'가 어떻게 치러질 것인가? 세계와 고향의 맞물림은 고향과 세계의 일치가 아니다. 후자가 죽음이라면 전자는 태동이다. 후자가 죽음의 상황이라면 전자는 운동이다. 그것이 진정 그 이름에 값하려면 그것은 멈출 수가 없다. 고향=세계가 죽음의 고착이라면, 세계≈고향은 끝없는 운동이다. 그런데 이 운동이 죽음을 재료로 한 운동이다 보니, 이 운동을 수행하는 시인은 죽음의 반복강박에 사로잡히고 만다. 우리는 생의 반복강박이 쾌락원칙에 의해 추동되되, 쾌락원칙 너머로 가려는 충동임을 프로이트를 통해 배운 바 있다. 반면 죽음의 반복강박은 쾌락의 원천적 불가능성으로 인한 텅 빈 기관의 헛구역질이 될 것이다. 운동은 헛운동이 되고 만다. 이 헛운동은 결국 시인마저 삼켜버리고 만다. 시인은 자살하고 만다(「詩魔—십우도(셋)」). 시인은 음악가의 운명을 따르게 된 것이다. 그의 자살을 보며, 다시 화자 '나'는 시인을 분신시켜 시의 상황 속에 파견하지만 그 시인 역시 죽음의 반복강박에 사로잡히지 말라는 보장이 없다.

이 상황에 직면해 화자가 선택한 저항은 '장례의 거부'다. 그는 "더 이상 매장 시편 쓰지 마라"라고 외친다. 그러나 때마다 죽음을 맞이한 음악가, 시인들의 장례는 어찌할 것인가? 그는 "모든 장례는 한꺼번에 치러질 것이기에 낱낱은 리허설"(「詩魔-십우도(넷)」)이라는 가정하에 장례를 거부하면서 동시에 장례의 끝없는 리허설을 실행한다. 죽음을 생으로 돌리려던 시인의 운동은 영원히 유예된 장례의 반복강박으로 바뀐다. 이로부터 은유는 멈추고 성찰이 들어선다. 시인 대신 학자가 출현해 이 장례의 반복강박을 '국경에 머물기'로 규정한다. 국경에 머물기란, 죽음의 상황을 월경하려는 시도를 포기하지 않으면서 죽음과 생의 아슬아슬한 경계에 머무는 것을 뜻한다. 이 '국경에 머물기'는 '빗돌 세우기'로 상징된다. 이는 국경에 머물기가 비문을 읽는 일, 즉 학자의 일이라는 것을 가리킨다. 화자는 이 '빗돌 세운 자리'를 "지구에서[의] 최후의 국경"으로 믿들려 한다. 그러나 학자의 역할은 거기까지다. 성찰의 작업은 죽음의 의미를 파헤칠 뿐, 생의 가능성을 퍼 올리진 못하기 때문이다. 학자는 "다만 옛날의 비명을 베꼈다. 미래의 비명은 없기에".

  문제는 미래의 비명을 찾아내는 것이다. 미래의 비명을 못 만들면, 비명은 비명(悲鳴)으로 터져버린다. 시인이 학자를 대신해야 하는 건 이 때문이다. 그런데 이미 죽음의 반복강박에 사로잡힌 시인이 어떻게 학자의 바통을 이어받을 것인가? "그를 받아줄 나라는 없을 것이라고 그 시인은 말했다. 오히려 경계인이 된 건 그때부터라 했다." 시인이 학자로부터 얻은 것은 성찰의 능력이다. 그 성찰 때문에 그는 이제 죽음의 반복강박 속에 참여할 수가 없다. 그래서 시인은 사건 밖에 머무를 수밖에 없다. 실제로 경계인이 된 것이다. 경계인이 된 화자는 더 이상 시인이 아니다. 그는 '화자'와 한몸이 된다. 시인 없이 화자로만 존재하면, 그는 오로지 죽음의 사건을 바깥에서 바라보는 자의 형벌에 처하게 된다. 그가 속수무책으로 바라보는 것은 모든 것이 죽음의 "시구문"으로 흘러가고 있는 사태다.

2. 바람의 현상학: 기억과 상상의 교직(交織)

「詩魔—십우도(다섯)」은 경계의 궁지에 갇힌 시인—화자의 심정을 노출하고 있다. 뜻을 찾아갔으면 뜻이 이루어져야 하리라. 그러나 무엇으로 그 길을 뚫을 것인가? 시인—화자가 대면하는 것은 "내가 돌상여라 부른 바윗돌"이다. 즉 완강히 의미의 문을 닫아버린 사건의 덩어리다. 그 바윗돌 앞에서 "시는 암매장 벌판을 헤맨다". 시인—화자는 산길을 더듬어 내려가기 시작했다고 말한다. 막연히 바위를 떠나 도시(세계)로 가려 한 것이다. 그런데 내려가는 어느 즈음에 시인—화자는 무언가를 만났다. "먼저 바람 소리 들었다." 그리고 "거대한 인면석이다. 얼굴 형상 바위 불빛에 괴수의 얼룩이 드러났다. 그러더니 차츰

차츰 〔……〕 두 눈이 푹 꺼진 콧대는 높고 입은 말한 적 없는, 신령스러운 푸른빛 감도는 사람의 얼굴에 바람이 스친다".

독자는 인면석이 출현하게 된 근거를 알 길이 없다. 시인—화자가 겪었다니, 그대로 인정할 것인가? 주의할 것은 인면석이 바람에 이어 나타났다는 것이다. 이 점에 주목하면 시인—화자의 확신이 무엇에 기대고 있는지 추적할 수가 있다. 과연,

바람은 아무 데나 불지 않는다. 누군가 입술 닿는 곳! 바람이 분다. 우리 생의 골짜기 바람은 분다. 옛 화전민촌 돌담에 바람이 분다──오오 너럭바위 놓인 그대로 디딜방아 구멍을 파낸──우리 놀던 바위 바람은 분다. 옛 화전민 마을 사람 얼굴 바위에 바람이 분다.

바람은 만남의 경험을 환기시키고 (바람은 '바람났다'라고 말할 때의 바람이다) 다시 그 만남의 경험은 집단적 공유의 경험으로 확대된다. 이 집단 기억에 기대어 바람〔風〕은 시인—화자의 바람〔所望〕을 실현하는 계기가 된다. 시인—화자가 직면했던 침묵의 바위는 이제 "우리 놀던 바위"가 된다. '인면석'은 그렇게 해서 출현하게 된 것이다. 집단 공유의 경험에 근거함으로써 침묵의 바위는 온갖 소망들이 출몰하여 새긴 신령스런 굴곡들 사이로 바람이 부

는 "마을 사람 얼굴 바위"로 바뀐다. "바위는 언제 꽃 피나, 바람이 흔들어야 꽃 핀다"라는 말이 현실을 얻은 것이다.

바람의 현상학은 두 방향으로 확산된다. 한편으로,「詩魔―십우도(여섯)」에서부터, 바람은 만남의 표징이라는 점에 근거해 시인의 여자를 출현시킨다. 시인에게 애인이 있었고 그녀는 시인을 잊지 못한다. 다른 한편으로 바람은 집단 공유의 기억을 되살린다는 점에 근거해, 시를 최초의 시의 경험으로 회귀시켜 그로부터 또 하나의 여자를 출현시킨다(「詩魔―십우도(일곱)」). 최초의 시란,「공무도하가」를 가리키는 것으로, 거기에서 여인이 "강을 건너지 마오"라고 외쳤다는 건 한국인 모두가 알고 있는 문화적 사실이다.

이 두 여인의 존재 위상은 각각 다르다. 이것은 썩 중대한 특징이다. 왜냐하면 기억을 발달시키는 기능이 그 차이에서 생겨나기 때문이다. 인류의 시적 상상력 속에서 기억을 상상과 일치시키는 일은 썩 보편화된 성향 중의 하나다. '우리의 만남은 저 옛날 견우와 직녀의 이별에서 예비되어 있었다오'라는 식으로 말이다. 거시적으로는 인류가 고대인들에게서 자신의 위대함의 근거를 찾곤 하는 관습 같은 게 그렇다. 그리스 로마 시대에서 인류의 모범을 읽어온 그런 관습 말이다. 그러한 상상이 인간에게 하찮은 자신의 존재를 격상시킬 수 있는 근거를 제공했지만 동시에 같은 방향에서 인간을 근거 없는 자기도취 속에, 그리고 무책임

속에 빠지게 하는 요인이 되기도 했다. 독자는 그러한 위험을 이 시에서도 읽을 수 있다. 오늘의 문제가 죽음의 상황이라고 할 때 이 상황은 순수하게 논리적으로 보자면 지나온 시간대들의 결과로 읽어야만 한다. 오늘의 폐허는 어제의 붕괴로부터 비롯되는 것이다. 그런데 갑자기 저 옛날의 공유된 경험 혹은 기억을 생명의 원소로 끌어온다? 만일 그런 생명의 샘이 있었다면 오늘의 개울은 이미 찰찰거리고 있었을 것이다. 오늘 바짝 마른 강가를 보니, 그런 원천은 없다고 보는 게 나으리라. 그게 아니면 적어도 그 원천은 이 땅으로 흘러오는 길을 찾지 못한 것으로 볼 수밖에 없다. 그렇다면 물꼬를 틀고 물길을 내는 작업을 해야만 한다. 다시 말해 옛날의 경험은 그 자체로서 우리에게 에너지를 제공하지 못한다. 그것은 특정한 방법으로 재설정된 후에 발진되이야만 한다. 즉, 생명의 원천으로 가정된 그것 자체에 생명을 불어넣어야만 하는 것이다. 뜬금없이 나타난 애인이, 갑자기 튀어나온 백수광부의 아내가 어떻게 죽음의 반복강박 속에 갇힌 시인과 무기력한 관조자로 전락한 화자를 구출할 수 있을 것인가?

그 점에서 두 여인의 분화, 즉 근거의 분화는 과거의 재설정의 계기로 작용한다. 분화는 일방적인 의미를 해체하고 의미의 재점검을 자극한다. 과연 그렇게 분화된 두 여인을 보니, 그 여인들은 풍요와 관용과 사랑의 상징으로서의 대지모신이 아니다.

첫번째 여자는 가까운 과거에서 현재까지 존재하는 현실의 여인이다. 반면 두번째 여자는 한국인의 집단무의식 안에 존재한다. 전자가 시간적 존재라면 후자는 공간적 존재이다. 이것이 첫번째 차이다.

첫번째 여자는 "삼십 년째 상복〔을〕 입"고 있었다. 왜? 운동권이었던 청년이 죽는 순간 "더듬거리는 입술로" "죽 음 영 원 하 지 않 아 사 랑 영 원 해"라고 말했기 때문이라고 화자는 전한다. 그 순간부터 그녀는 "피부처럼 속옷에 그것을 입고 다녔다". 그런데 그녀가 상복을 입은 건 애인의 유지를 받들기 위해서가 아니었다. 그랬더라면 가수였던 그녀는 사랑의 노래를 불렀을 것이다. 대신 그녀는 침묵을 선택했다. 그녀는 "죽음과 결혼해버〔린〕" 것이다. 왜 그랬을까? 애인의 죽음의 의미를 본능적으로 알아차렸기 때문이다. "모든 은유적인 노래는 믿을 수 없다. 더 이상 비유는 죽음을 그릴 수 없다. 우리는 방법을 모르기에 노래 부를 뿐이"었던 것이다. 애인―시인의 죽음의 의미는 은유의 실패를 지시한다. 그녀는 "죽은 영혼에 사로잡힌 사람"이다. 그러나 그녀는 '가수'였다. 즉 노래를 부르지 않아도 이미 노래를 부르는 사람이다. 그것이 명명의 힘이다. 명명이 상징으로 기능하면서 뿜어내는 힘이다. 때문에 노래하지 않는 그녀는 단 하나의 노래를 남긴다. 이 노래의 전언은 물론 죽은 영혼에 사로잡힌 자가 현실에 남기는 메시지다. 그 메시지는 "바람은 비에 머물지 않아"로

요약된다.

한편, 공무도하가의 '여인'은 어떻게 존재하는가?「詩魔—십우도(일곱)」에서 그녀는 배추밭에서 출현한다. 배추밭은 고향마을 사람들의 나날의 노동의 장소다. 그들은 그 장소에서 "한 발짝도 걸어 나가지 못"했다. 화자는 "배추 시래기 묶는" 행위와 여인의 외침, "강을 건너지 마오"를 연결시킨다. 배추 시래기 묶는 행위는 배추밭에 구속된 사람들이 그 구속을 자신의 삶으로 적극 받아들이는 행위로 이해할 수 있다. "우리 사랑 시들해져도 버리지 말라고 배추 시래기 묶는" 것이다. 이와 직결된 "강을 건너지 마오"라는 외침은 그러니까 죽음의 상황 자체를 삶으로 받아들이라는 요청을 뜻한다고 해석할 수 있다.

그렇다면, 죽음을 죽음으로 지시하는 여인과 죽음을 삶으로 지시하는 여인이 있는 것이다. 첫빈째 여자는 죽음의 반복강박을 되풀이한다. 시인의 그것과 무슨 차이가 있는가? 결정적인 차이가 있다. 시인의 그것은 은유의 실패를 징표한다. 거꾸로 말해 시인의 반복강박은 은유에 대한 신앙 때문에 일어난 것이다. 반면 여자의 반복강박은 은유의 거부로서 실행된다. 시인의 죽음이 죽음을 생으로 돌리려는 기도 자체가 죽음의 벼랑으로 곤두박질치게 된 사정을 가리킨다면, 여자는 상복을, 생의 거부라는 의미로, 평생 입은 것이다. 그 결과 어떤 일이 일어나는가? 시인의 시도는 죽음에 사로잡히고 화자는 관망자가 되고 말았다. 화자는 그러한 상황을 이렇게 묘사한 적이 있다.

도시에서, 도시로. 성곽에서 성곽으로 흐르는 구름은 모두 젖은 구두를 신었다. 비 속에서 침략할 적도 없는데 도시는 흘러 다닌다. 축축한 육신은 산 자의 몫이다. 도시는 경계를 흘러 다닌다 (「詩魔―십우도(넷)」)

산 자의 눈으로 보면 시인의 죽음은 한없이 "축축한 육신"이다. 즉 끝날 길 없는 장마 속의 부유다. 여자의 유일한 노래는 바로 그 점에 주의할 때 이해될 수 있다. "바람은 비에 머물지 않아." 여자는 시인의 축축한 육신에 머물지 않겠다고 선언하고 있는 것이다. 바람이 만남의 징표였음을 되새긴다면 여자는 시인을 만났고 시인의 죽음을 만났다. 그렇게 만났을 때 시인은 죽음의 소용돌이 속에 갇혀 있는 중이다. 여자가 한 일은 그 소용돌이 속의 죽음을 만남이 되게끔 하는 것이다. 즉 죽음의 소용돌이를 그대로 사랑의 행위로 만드는 것이다. 그러니까 죽어가기가 곧 사랑하기, 즉 함께 살아가기가 된 것이다. "이미 없어진 별의 빛이 몇억 광년을 흘러와 사랑이 되었다면 사랑은 죽음이라는 공식이 성립"(「詩魔―십우도(여덟)」)된 것이다. 이 만남의 사건 속에서 여자는 '하얀 옷'을 입는다. 검은 죽음과 사랑하였으니 당연한 색깔이다. 이 사랑 때문에 "죽음의 검은 옷조차 생이 된 블랙홀이란 별도 있"게 된다. 시인의 죽음은 블랙홀로 형상화되고, 여자의 사랑은 죽음의 사상면이 된다. 즉 빛조차 빨려드는 블랙홀을 비추어주는 하얀 빛의 조성 지대가 된다. 여자는 별의 죽음을 생으로 만드는 "하얀 별"이다. 그 하얀 별은 독립적으로 반짝이는 일등성이 아니라 죽음의 토막들로 만들어진 것이다. 그것은 오직 죽음을 사랑으로 만드는 데 골몰하여 춤추는 발목만으로 이루어져 있다. 하얀 별은 분홍신이다. 죽음의 단편들에서 새어 나오는 생의 몸짓이다. 그것은 '가장' 아름답다. 왜냐하면 최대치의 죽음을 사랑으로 변환하고 있으니, 아무리 수수해도 그것은 최상급으로 아름다울 수밖에 없는 것이다.

그렇다면 이 여자는 「공무도하가」의 여인과 실질적으로 하나다. 이 여자도 죽음을 '더불어 삶'으로 변환하고, 저 여인도 '더불어 삶'에 근거해서 죽음의 상황을 삶으로 받아들인다. "그녀들은 한 여자이다"(「詩魔-십우도(열)」) 하지만 기능이 다르다. 스탕달은 『연애론De l'amour』의 제2장 「사랑의 탄생De la naissance de l'amour」에서 잘츠부르크Salzbourg의 소금광산에 대해, 이 버려진 광산들 중의 하나에 앙상한 나뭇가지 하나를 던져두었더니 세월이 한참 흐른 후에 이 나뭇가지에 소금 결정들이 달라붙어 마치 보석과도 같이 되었다는 얘기를 전하면서, 그것을 두고 '결정화cristallisation'라고 명명했었다. 이 결정화에 결정적으로 작용한 것은 "시간이 기억에 작업을 가해, 기억으로

하여금 사랑의 가장 아름다운 순간들을 결정들처럼 보존케 한다"(Renato Janine RIBEIRO, 「스탕달에 있어서의 상상과 기억」, 『디오게네스 Diogène』 No 201, 2003, p. 62)는 것이다.

상상은 단순히 기억에 뒷받침되어 살아나는 것이 아니다. 상상이 기억에 작업을 가해야 하는 것이다. 그래야만 기억은 순수한 생명의 원소로 정련된다. 독자는 이제 여인들이 출현한 까닭을 분명히 알 수가 있다. 그뿐만이 아니라 왜 두 여인의 분화가 일어났는지도 알 수가 있다. 「공무도하가」의 여인이 소금의 역할을 했다면, 시인의 애인인 여자는 나뭇가지에 소금을 붙이는, 시간의 역할을 한 것이다.

3. 무덤의 광시곡 이후

마침내 우주 장례는 "시작되었다"(「詩魔─십우도(아홉)」). 여인들을 통해 장례가 생의 운동으로서 살아난 것이다. 그 장례는 일종의 광시곡 rhapsodie이다. 광시곡이 "민간전승적 주제들을 파격적일 정도로 자유로운 환상적 구성을 취하면서도 장면들의 조직적인 대조들을 구축해 표현하는" 음악이라는 일반적 정의를 따른다면 말이다. 이 광시곡은 물론 죽음을 두드려 깨우는 음악이다. "공동묘지를 통째로 무덤 하나하나 건반 두드린"(「詩魔－십우도(열)」)다. 실로 이 음악을 타고 죽은 시인이 떠오른다.

그 공동묘지는 착시! 삶의 벌판에 무덤이 펼쳐져 있다. 죽음의 벌판에 무덤은 없다. 죽음의 벌판은 착시, 내 시는 착시인지 모른다. 그때 무덤 속에서 말이 들린다. "착시도 시다!" 그 소녀 무덤을 두드리는 손가락 끝에 풀물.

무덤 속에서 착시를 시로 돌리면서 시인이 떠오른다. 시인이 제 존재를 되찾는다. 시인의 유지에 반한 여인의 사랑이 시인을 되살려낸 것이다. 그러나 꼭 그렇게만 볼 수 없는 미묘한 점이 있다. 여인의 사랑은 어쨌든 시인의 유언으로부터 출현하였다. 시인이 죽음의 반복강박을 '감행'하지 않았더라면, 유언도 존재하지 않았을 것이다. 따라서 여자의 시적 존재 이유는 시인으로부터 비롯되었던 게 틀림없다. 다만 여자는 시인의 유언, "죽 음 영 원 하 지 않 아 사 랑 영 원 해"라는 말을 그대로 따르지 않았다. 사랑을 따르지 않은 게 아니다. 그녀가 따르지 않은 것은 죽음/사랑의 대립적 설정이다. 그녀는 죽음을 사랑하여 죽음의 사건을 사랑의 사건으로 만든 것이다. 독자는 여기에서 사랑의 사건이 가진 기묘한 역설을 알아보게 된다. 왜냐하면 사랑이 상호적인 것이라면, 여자는 애인의 유언을 그대로 따를 게 아니라 그 유언에 호응해야 한다는 것이다. "죽음 영 원 하 지 않 아 사 랑 영 원 해"라는 시인의 유언에 호응하는 방법은 무엇인가? "죽 음 영 원 해 사 랑 영 원 해"가 아니겠는가? 이 호응이 사랑의 사건인 한, "사랑 영원해"는 불변일 것이다. 호응의 사안은 그러니까 죽음의 비영원성을 영원성으로 받는 것이다. 여자는 시인의 유지를 말로써가 아니라 행동으로써 조응한 것이다.「詩魔-십우도(여덟)」에서 지시된 자해와 자위의 변증법은 바로 그 사정을 나타낸다.

이로써 시인의 부활의 내력이 드러났다고 할 수 있다. 그런데 시인의 부활은 그대로 드라마의 종결을 가리키는 게 아니었다. 시인이 부활한 순간, 시인은 산 자가 되었다. 그런데 여자는 여전히 무덤의 광시곡을 탄주하고 있다. 이로부터 시인의 당황함이 시작된다. 시인은 "내 무덤에서 그녀를 보"면서 "그녀〔가〕 붙잡히지 않는 떠돌이 별"임을 깨닫는다. 그녀는 영원히 자신에게 머무르지 않을 것이다.

모든 별은 여행을 한다. 머무르지 않는 자가 별이다. 별들에겐 고향이 없다.
―「詩魔-십우도(열)」부분

그게 바로 "아름다운 것〔의〕 불편"함이다. 그 불편함을 견디지 못하면, 아니 함께 겪지 못하면, 시인은 더 이상 살아야 할 이유를 얻지 못할 것이다. "시의 임종을 아무도 보지 못했다! 시인들의 방황은 계속될 것이다!/저물고 저물도록 산역하는 일이 시인지 모른다"(「詩魔―십우도(하나)」)라는 예언이 막바지에 와서 참뜻의 형상을 갖는다.

'십우도' 연작은 따라서 자신을 되살린 여자를 삶 쪽으로 불러내려는 시인의 호소로 끝을 맺는다.

　　광녀여 우주의 광녀여 별이여 하얀 별이여
　　내 시설(詩設)을 들어라

'십우도' 연작을 뒤잇는 「詩魔―제7계」는 바로 시인의 호소가 일종의 격정의 드라마로 펼쳐진 것이다. 거기에는 되살아난 시인과 죽은 시인 사이의 질투와 투쟁으로부터 시작해 영원히 돌아오지 않는 여자를 향한 애절한 초혼에 이르기까지 독자가 방금 읽은 '십우도' 연작만큼 길고 복잡다단한 사연이 출렁인다. 나는 그 사연을 마저 분석하는 일을 이 시집을 읽을 독자들에게 넘겨드리기로 한다. 해설은 오로지 시의 맛을 띄우는 데서 멈추는 게 제일 좋은 법이다. 물론 제대로 짚었다는 전제가 붙어야만 하겠지만, 그것을 판단하는 것도 오로지 독자의 몫일 것이다.